怎么上课，学生才喜欢

Teach the way students like

魏勇 著

中国人民大学出版社

CONTENTS 目 录

第三辑　好老师擅于提出好问题

第四辑　怎么上课，学生才喜欢

第五辑　好课堂来自平时的积累

自序

什么是有意义的生活？对我来说，带有神圣色彩的生活才有意义，才能激发我内在持续的热情。而带有神圣色彩的生活一定要超越各种算计并且拥有一种不容置疑的真理性。这是我年轻时早已经存在的追求。

在我看来，最具神圣色彩的生活是把自己的一切奉献给国家——即为国家服务或献身，而这里面最具神圣感的职业是军人。因为军人所做的一切都是超越个人功利的，并拥有特殊的仪式和宏大的目标，这是我骨子里面喜欢的生活。我努力追求，但因为各种原因与之擦肩而过。于是，一个狂热地热爱军事、历史和政治的人非常不情愿地读了师范学院，十分别扭地选择了一个不喜欢的职业——教师。

之所以不喜欢教师这个职业，是因为它不需要雄性荷尔蒙和英雄主义，这对我来说远不够刺激，因为它满足不了我内心与生俱来的对神圣的向往。不过，20世纪80年代大学空前的自由和理想主义氛围，使我很快喜欢上了大学生活。

毕业后，我成了一名教师，随波逐流地教了两届初三毕业班和十届高三毕业班，承受的孤独和苦闷远不是“特级教师”之类的荣誉和表彰所能化解的。作为教师，怎么活才有意义？任何人在这个问题上都帮不上我，唯一能够缓解我精神危机的是自己赋予教师工作的意义。如果教师工作仅仅是帮助学生考上大学，那么教书就只是谋生的手段。只有具备超越性的诉求才能让内心有热情，对我而言，这个超越性的诉求就是为未来社会培养新人，为一个更加美好的社会的到来添砖加瓦。于是，启蒙，成了我的选择。开常识讲座，编写数理工程专业方向的高中历史教材，开发网络学习课程，做历史的游戏课程等，我都坚持将启蒙精神注入所有这些活动中。

所谓启蒙，康德认为是敢于运用并显示理性，对此，我做了一个通俗化的解读，启蒙就是持续性的自我反省和真实表达。对我而言，给予子孙后代最大的遗产不是金钱、房产等，而是为他们创造一个不用撒谎和逢迎也能幸福生活的社会，为此，我愿意做一切力所能及的事。然而，无论怎样，一个教师能做的相当有限，有限到我常常怀疑自己所追寻的意义是否存在。

正是由于有这样的背景，反而把我从复杂人际关系中解放出来了，很难把某人作为自己的竞争对手，无论别人取得怎样的成绩都无法在我内心掀起波澜，因为我志不在此，我只关注我要做的事情的进展，我只关注那些与我有着同样价值追求的人们在想什么、做什么。于是，我的生活变得简单而丰富，慢慢对课堂有了一些自己的见解和做法并在其中体会到乐趣。

在有了相当的积累后，我逐渐发现了一个道理，就是想要让学生喜欢听你的课，你必须从学生的经验出发来跟学生对话，也就是说在书本世界和学生经验世界之间，我们老师所起的作用是要搭建一座桥梁。

我们都是当过学生的人，我们最喜欢听哪种老师的课呢？第一，风趣幽默；第二，他在课堂上总能给我们一种新的东西，让我们感觉意外，让我们感觉脑袋被拍了一下。我们一直提倡要尊重学生，我理解，最大的尊重并不只是在日常生活中和学生交交朋友，关心他的生活，而是在课堂上给他惊喜。

这个惊喜指的是什么呢？我的理解是，我们课堂当中常常会有出乎学生意料的，又能够让学生感觉很有收获的一些东西，他可能想到了但是他没有我们课堂上所提供的东西那么深刻，于是他成长了，他变得更深刻了，对他来说有惊喜。还有一种情况，就是他压根就没想到，结果老师给了一个他前所未有的想法、观念，或者挖掘出了他自己都没有意识到的一个想法、观念，而且这个想法和观念有相当的合理性和说服力。

课堂其实就是老师和学生一块儿做的一次精神上的旅游，有时候是精神上的探险。在旅游和探险的过程中，如果没有任何意外，所有学生看到的景观都是事先知道的，都是没有超出他的想象力范围和理解力范畴的东西，那么学生不会喜欢这样的旅游和探险，他会在课堂上感觉乏味，他可能就自己去旅游和探险了，俗话叫“走神”。所以，力争带给学生惊喜，这很重要。

很早我就明白了一个道理，要干好教育这一行，绝对不能将自己局限在教育圈，绝对不能只读教育方面的书。

恰恰相反，应该尽可能多地和圈外人交往，尽可能多地读教育以外的书。一个痛苦而基本的事实是，教育是一个封闭、狭隘的圈子，要听到明白人讲明白话，我们经常需要把耳朵竖起来放到教育圈外。尤其，只有站在教育圈外时，我们才能看清未来社会的走向，才能理解作为教师的使命是为更好的社会培养新人。

第一辑

千万不要忘记自己曾是学生

千万不要忘记自己曾是学生

有时会遇到一些朋友，问我什么样的老师是好老师。其实好老师很难有一个严格的标准。

成为好老师的途径有很多，好老师的类型也很多，不过，我觉得所有的好老师都有一个共性，那就是始终能够站在学生的立场来看待教学教育。做老师其实不难，只要你不忘记自己当学生时对老师的希望和要求，当时你希望老师怎样做，今天你就怎样做。

我当学生时，不希望老师满堂灌，希望能辩论一下，而不是按照老师既定的计划完成任务，将重点、难点依次讲完就下课了。我希望中间有空隙能让同学们参与。我是一个有表达欲的人，尤其是在学习语文、政治、历史等文科科目的时候，特别希望能够跟同学或者老师探讨。我希望老师在讲课的时候，当我产生疑问时能够有机会提问，所以我理想中的课堂一定是开放的而不是封闭的。

我希望学校里有各种各样能够满足我好奇心的资源，比如，足够多的图书。那个时候没有网络，我就希望有足够多的图书以及能够开阔我眼界的讲座。我那时很关心“第三次浪潮”，很想知道未来社会是什么样的，很想知道什么叫“信息高速公路”。美国人在1990年代就提出了信息高速公路的概念，我在广播里面听到了一星半点，但我不是很清楚，我很希望学校能够请这方面的专家给我们做做讲座，甚至能够对话等。

我还很希望能够有跟女生充分接触的机会。这种接触是一种自然的接触，比如，排练一个话剧，或者组织一个大合唱，是自然的机遇，是合作关系的接触。在这种合作当中了解异性，满足我们对异性的好奇心，同时我们在某些方面也得到了成长。然而，我们那个年代有男女界限，根本不可能有这种自由的交往，也不可能有什么社团，完全是民间的、个别的、偶然的两三个人凑在一块儿，成为了好朋友，然后聊一本文学书籍。但实际上还可能有另外一个水平更高的学生躲在某一个角落而我不认识，因为学校没有搭建这样的平台。

所以，我希望让那些十几岁的孩子，活力能够得到充分的施展，且施展在健康、积极、智慧的方面，而不是憋在内心里面，有劲儿无处使。

我想，很多人的想法应该和我差不多。大部分学生可能都会有类似的追求，不会只是我个人。今天的北京十一学校差不多就是当初我理想中的那种学校。我们学校的学生很有福气，因为他们是在一个我曾经梦想的学校中，我真的很羡慕他们。

而且，这不仅是我理想中的学校，也是学生理想中的学校。我们学校的宣传片里有一个情节是采访一个女生，她说了这样一句话："我理想中的学校就是这样的。"我也问过一些孩子："你们觉得现在的中学和你们的小学一样吗？"其实我的潜台词是想问："你们理想的学校是这样的吗？"但是我没有这样问，我怕这种暗示的意图太明显了，会导致他们的回答不真实。他们说："不一样。"我问："有哪些不一样？"他们说："学校分的层太多了，我们完全没想到有这么多。"我说："分得太多了之后，你们觉得好还是不好啊？"那几个孩子异口同声地说："好，太好了。"这些回答，让我感觉孩子肯定是喜欢这样的学校的。

教学要从学生的经验出发

我在多年的教学生涯中逐渐发现了一个道理，就是想要让学生喜欢听我的课，我就必须要从学生的经验出发来跟学生对话。也就是说，在书本世界和学生的经验世界之间，我要搭建一座桥梁。

一

我记得自己在高一学化学的时候，第一堂课是讲摩尔。一摩尔任何物质含有阿伏伽德罗常数（现在叫阿伏伽德罗常量）个微粒，也就是约6.02×10^{23}个微粒，然后老师就照着定义给我们讲。

我当时很困惑：第一，我为什么要学这个常数呢？它有什么用呢？第二，这个阿伏伽德罗常数是怎么来的？为什么是10^{23}，不是10^{22}、10^{24}？这些知识化学老师从来不讲。

其实，我们很希望化学老师讲一讲阿伏伽德罗这个人是干吗的，或者设计一个我们生活当中司空见惯的情境，或者做一个实验，在这个实验当中必须要用到阿伏伽德罗常数，那我们就很容易理解。因为这样就和我们的经验搭界了，我们在看实验或者老师讲生活现象的时候就投入进去了。没有这些与现实经验有关的东西作为桥梁，就直接就把定义端出来灌输给我们，我们就会产生很多疑问。所以，那一节课之后我就对学化学没有兴趣了，后来化学一直都不行。

如果课堂和学生的经验之间能建立一种联系的话，那课堂会变成什么样呢？举几个例子。比如，我们历史课讲宗法制，西周时期的宗法制是一种按照血统远近以区别亲疏的制度，其核心是嫡长子继承制。我们如果只把这句话讲给学生听，学生虽然认识每个字，但是他可能并不能真正明白什么是宗法制。宗法制距离我们已经有三千多年了，怎么能让三千多年前的一个制度被今天的学生充分理解呢？若按照教参中的介绍重点、难点那样的方式去讲，是没办法解决学生的困惑的。学生不会喜欢这样的课。

我会这样来讲课。比如，我问学生："中国人的姓名和西方人的姓名有什么区别？"每个学生都知道，在英语里面是名字在前，姓在后；在汉语里面是姓在前，名字在后。"为什么会有这样的区别呢？"我会向学生进一步追问。

还有，在中国人们常常把市长、县长叫作父母官，西方国家从来没有这个说法。为什么我们中国人喜欢叫官员"父母官"？

我会告诉学生，就是因为有宗法制度在里面：第一，我们的宗法制度是按照与父系血缘关系的远近来确定亲疏的，因此跟父姓是顺理成章的。第二，宗法制度强调群体，在群体中确立社会等级。比如，在家庭这样的群体中，父亲处于统治的地位，嫡长子处于准统治者的地位，其他的人要服从他们。在这个体制下面还有一些伦理体系、道德体系及道德标准。比如说男尊女卑，女性就要尊重男性，男性在桌子上吃饭，如果来了客人的话女性就不能在桌子上吃饭。第三，家族利益优先，个人利益置后，整个大家庭是最重要的，顾大家可能要牺牲小家。比如，我姓魏，魏家是最重要的，而不是魏勇最重要。因此，为了突出家庭的重要性，要把"魏"这个家庭的象征放在前面，属于个人特征的信息放在后面，即"勇"放在后面。但是西方是重视个体的，要突出个人的特点，所以把名字放在前面，姓放在后面。

从这个角度看，我们的国家可以说是家族的延伸和扩大。由一个家族往外扩张延伸，就成了一个县，在这个县的基础上再延伸就成了一个州，然后再逐渐延伸就成了国家。在小家庭里面家长是父亲，在一个宗族里面家长就是一位德高望重的、年龄比较大的男性，那么再往上，就是知县、知府以及皇帝。因为知县、知府比皇帝级别低，比家族里面的族长地位高，所以就有一个形象的说法，把他们称为“父母官”，他们的权威是宗法制度自然形成的结果。

二

讲历史的时候，很多司空见惯的东西其实都值得我们从历史的角度去琢磨。

比如，为什么我们把人民叫作百姓？为什么不叫公民？这个原因也要从宗法制度层面去探讨。其实，对于姓氏的差异化，学生是有经验和体验的，我们把这个点专门拎出来，然后追根溯源回到学科当中、回到历史当中，这样的教学就会更有成效：第一，学生感兴趣；第二，这才是活的历史，学生通过这些知识才能够明白自己和历史的关系。数理化等其他学科中，也有大量的有关学科历史的素材。

我相信，老师只要从学生的经验出发，在学生的经验和书本的知识中间搭建桥梁，一定会让学生的学习兴趣变浓，让知识变活。

我们常常听到老师对学生有这样的评价：“这个孩子很聪明，就是学习不行，他的聪明劲没有用到学习上。”这就是因为学生的经验世界，他的那种聪明劲或者他的认知系统，和我们老师要通过教育来建构的这个系统之间是有隔阂的，学生不能在两者之间任意穿行，从而使他在现实生活中的聪明劲使不上力，不能用于理解我们课堂上的教学内容。这种聪明在英语中叫作“Street Smart”，即“街头智慧”。这种聪明本来是有助于书本知识的学习的，但是由于我们教学方面的原因（我个人认为教师在教学方面所做的工作是主要原因），教师没有在这两者之间搭建桥梁，而是高高在上地，就书本、就知识、就理论来谈书本、谈知识、谈理论，忽略了学生已有的认知结构、认知经验，从而导致学生厌学。

个别学生在这种情况下，仍然成绩比较好，那是因为他本身的情商很高，自我控制能力很强，他能够克制住对书本知识和课堂知识的厌恶，然后还能够比较高效率地接触一些东西。这些孩子当然是很优秀的，但是我们也会发现，即使学生暂时接受了教师在课堂上传授的东西，在不远的将来也会将它们遗忘。

如果今天的学习就是为了明天的遗忘，如果书本世界和学生的精神世界不能贯通，如果真正能够让学生终身受用的只是其自身的经验世界，如果我们的书本知识、教学内容不能够真正进入学生的经验世界，那么我们的教学到底有什么用呢？

我曾向学生提了这样一个问题：为什么在1900年，世界上主要的发达国家英国、法国、德国、美国、意大利、日本会联合起来欺负我们中国，而不是联合起来去欺负别的国家？

学生的答案很多，但是都没有触及问题的核心。有人回答说是由于西方列强的侵略本性，有人说由于中国是一块肥肉等，但是他们都忽略了一个经验世界中的东西，是什么呢？

拿我们个人来说吧。我们在与人相处的时候，可能会遇到这样一种情况：你的一个朋友，告诉你某某人不好，怎么欺负了你的朋友，你听了之后，可能会自然而然地产生一种同情心，站在你的朋友一边。假如这个朋友第二天告诉你另外一个人如何不好，过几天又告诉你某个人也不好，最后你发现，他告诉你他单位所有的人都欺负他。这时，可能错的是其他人。稍微有一点阅历的人都知道，如果一个政府发生这种情况，很可能这个政府存在严重的问题。当时的清政府腐败、落后，造成国家发展落后，被其他国家欺负也就不难理解了。

如果我们不能够把现实生活、经验世界中的这些认识迁移过来理解历史，就不能算真正地学了历史，就不可能从历史当中得出一个明智的见解。所以，把书本世界和学生的经验世界打通，一方面能够激发学生的兴趣，更重要的是这样才能够真正地把教育教学当中的知识内化为学生的素养。

上课要给学生惊喜

学生最喜欢听哪种老师讲课呢?

我觉得，第一，风趣幽默；第二，老师在课堂上能给学生们一种新的东西，让学生们感觉意外，让学生们感觉脑袋被拍了一下，“哎，我怎么没想到呢？”老师能够让学生认识到某个道理或观点很妙、出乎意料，但是又在情理之中，这就是惊喜。

我们一直提倡要尊重学生，我认为老师对学生最大的尊重，不是在日常生活当中和学生交交朋友，拍拍肩膀，在礼貌上做得很周到。对学生最大的尊重，应该是在课堂上给他惊喜；对学生最大的轻视，就是在课堂上表现平庸。老师要是在课堂上表现很平庸，在生活上对学生照顾得很周到，我认为从本质上来说还是不够尊重学生。

老师要力争在每节课中都给学生惊喜，就像给学生带来意想不到的礼物一样。如果我们的课堂当中常常会有一些出乎学生预料的、又能够让学生感觉很有收获的东西（他可能在课前想到了一些，但是没有老师在课堂上讲得那么深刻)，于是他就成长了，认识更深刻了。还有一种情况，就是学生压根没想到，结果老师给了他一个前所未有的想法、观念，或者挖掘出了学生自己都没有意识到的一种深深隐藏在心底的想法与观念，而且这个想法和观念具有相当的合理性和说服力，学生也会觉得很惊喜。

一、给学生惊喜的课程具有一定的“侵略性”

课堂其实就是老师和学生一起做的一次精神上的旅游，有时候是精神上的探险，在旅游和探险的过程中，如果没有任何意外，所有学生所看到的景观都是事先知道的，都没有超出他想象力的范围和理解力范畴，那学生就不会喜欢这样的旅游和探险，他会在课堂上感觉很乏味。这时候他可能就独自去旅游和探险——俗话把这称为“走神”，所以我们要力争带给学生惊喜。

我认为要做到这一点，课程就要有一定的“侵略性”，就是要让学生感到震撼。杰克·伦敦讲过这样一句话：如果一篇文章不能使我感到额头被猛击了一掌，我还读它干什么！同理，如果学生上课的时候，他不能感觉到额头上被人猛击了一掌，那么他上课还有什么意义呢？我说的“侵略性”，就是指教师要追求这个效果，让学生有一种一拍桌子的那种冲动：“哇！豁然开朗。”“哇！终于想明白了。”

2001年《教师博览》第1期上刊登了一篇文章《美国孩子的一段历史课》，内容是讲美国独立战争，我觉得就很有“侵略性”。

上课的时候，老师给学生发了一些纸和铅笔，这是惯例，老师可能要搞一些什么活动。以前发铅笔和纸都是免费的，都是学校提供的。这一天老师发完了纸和笔之后，告诉学生：“同学们，从今天开始，大家所使用的笔和纸我们要收费了！”学生们一下就沸腾了，下面七嘴八舌地议论：“凭什么以前都不收费，现在却要收费呢？”老师解释说：“由于学校的经费不足，再说纸和笔也不是很贵的东西，所以只收很少的一点钱，每一个家庭都能够支付得起。”但是学生还是不乐意，他们说：“不论金额是多少，只要是不应该支付的钱，我们都不应该付！”学生很气愤，就在课堂上闹起来了。这个时候老师一拍掌，示意大家安静下来，说：“听我解释！同学们今天的想法，就是18世纪70年代英国人提出给我们的祖先增加税收的时候，我们的祖先的想法。虽然税收数额并不大，但是我们的祖先认为，这是不正义的，是不应该的。为了捍卫自己的财产，反对这种不正义的侵害，所以我们的祖先进行了独立战争！”

这样的上课方式，把学生个人的经验和书本上将要讲述的学习内容联系起来了，学生体验了遭遇不公平时内心的愤怒。同时，有了这种体验之后，再回到课堂上要讲的18世纪的历史，学生就很容易专注地关注那个时候发生了什么事情，以及美国人为什么要打仗，在这个过程中经历了哪些曲折，最后结果怎么样。这样一种上课方式，我认为就是非常具有侵略性的。

二、给学生惊喜的课堂教学内容具有一定的颠覆性

侵略性还体现在教学内容方面，内容本身就有颠覆性。

我们的历史教材中有一些内容是严重滞后的，甚至是不够正确的。如果我们在上课的时候能够对这些内容进行甄别，针对大家习以为常的一些观念，把不够正确的部分揭示出来，或者颠覆了，学生也会感觉很震撼。这种课堂也会有侵略性，它能够打动人，给学生惊喜。上课内容的侵略性可能是侵略性最主要的一个体现。

当然，内容的侵略性不仅体现在颠覆性上，还体现在对同一个历史问题，有完全不同的看法却能各自自圆其说，这也会构成激烈的冲突，让课堂变得有侵略性。

我曾经上过这样一堂课，内容也是美国独立战争。一开始我播放了两段视频，一段是美国拍摄的纪录片《美国：我们的故事》中的片段，另一段是英国广播公司（BBC）拍摄的纪录片中涉及美国独立战争爆发原因的片段。这两个片段都是讲美国独立战争爆发的原因以及对独立战

争的看法的，结果美国的纪录片把独立战争称为“革命”，称为追求自由的正义的行动；而英国的纪录片却认为它是叛乱，是分裂，是内战。我把这两段视频一起放给学生看，然后提出了一个问题：独立战争究竟是一场正义的进步的解放战争，还是一场分裂国家的叛乱？当时在教室里听课的老师有美国的老师，也有英国的老师。我提出这个问题之后，有一位英国老师不等学生发言，就举手要求发言。他说：“这是一场叛乱！”然后美国老师又对他的看法进行了评价。

当时，听课的老师和学生完全混淆了个人的角色，大家就这个问题展开了激烈的争论，忘掉了这是在上课，都觉得这个问题从各个不同的角度来看，好像都有道理。

这堂课我为什么要这样来上呢？我并不是为了让我的课堂打上“特色”这个标记，而是因为历史上的很多问题都具有这样一个特点——“横看成岭侧成峰”。有的问题、有的事件当你从不同的角度来看的时候，真的很难说得清孰是孰非。很多时候，它更是一个立场问题；很多的历史问题，甚至没有唯一的标准答案。（我同时也要说明，不是所有的问题都没有是非。很多历史事件还是有是非的，还是有一个大家公认的看法的。你不能够因为看法具有相对性而得出一个结论说没有真相、没有真理、没有合理的看法，这是不对的。比如说，纳粹德国屠杀犹太人，无论怎么看它都是错的；一个过路的人把一个无辜的婴儿给摔死了，无论从哪个角度看，也不能够说他有合理性。）

我感觉学生特别喜欢有侵略性的课堂，他会觉得很刺激，就会非常愿意主动地参与到讨论中，也很容易把现实生活当中的经验和智慧用到课堂当中、讨论当中，处于一个活跃的状态。

我自己上课有的时候是战战兢兢的，有种很别扭、想流汗的感觉，为什么？因为我发现那堂课自己没有能够给学生带来惊喜，我最多就是很完整地把重点、难点任务完成了。这样的课上下来我极不舒服，虽然学生不会提意见，但是我知道这浪费了时间。如果老师没有给学生们带来惊喜，那么这样上课无非就是给学生布置几个任务，其实5分钟就够了，其他40分钟全是浪费别人的时间。

若上课之前我情绪很好，那就是我心里面特别有数，我知道自己有礼物送给学生们，这一课有地方我会让学生们感到意外，感到喜悦。如果我的情绪萎靡，那我肯定是没有新的东西，我心里面清楚，什么课是好课，什么课是不好的课。

风趣、幽默和惊喜，我觉得惊喜最重要。幽默可以不去学，但是惊喜是不可或缺的。或是一个出乎意料的角度，或是在同样的角度走得更深、更远，或是把已有的知识融合起来提炼出一个全新的东西——总之出乎学生的意料，但是又在情理当中，都是惊喜。

比如，讲鸦片战争时，我发现教科书上《南京条约》的第四条（教科书中的条款与条约原文条款顺序并不一致，教科书是简化了的）是错的。我们教科书上介绍的内容是，“英商进出口货物缴纳的税款，中国方面须与英国商定”，这个表述显然就说明英国侵犯了我国的关税主权。其实，《南京条约》的原文不是这样的。原文的中文本是说，“英国商民居住通商之广州等五处，应纳进口、出口货税、饷费，均宜秉公议定则例”。我没读出教科书中的“英商进出口货物缴纳的税款，中国方面须与英国商定”这个意思来。我当时就很诧异，我怎么没读出这个意思来呢？后来我想，是不是签《南京条约》的这些清朝官员怕皇帝怪罪他无能，于是故意把对中国不利的条款模糊了说法，然后让皇帝签了字不至于怪罪这些办事的官员，减轻自己的罪过，而英文版很可能是有这一条的。然后我就去找《南京条约》的英文版，找英语老师帮我翻译。我问他，有没有英商进出口货物缴纳的税款，中国要和英国政府商议这一条，他说没有这一条。

我相信他的水平，心里就踏实了，所以在公开课上我也讲了我的这个发现，对于历史老师，这个发现其实是一件很大的事。从民国时期编的《中国通史》，到我们读大学时的历史教材——白寿彝所主编的《中国通史》，都是说中国关税自主权在《南京条约》中丧失了。这是一个很大的问题，竟以讹传讹传了这么多年。

在课堂上，我就把《南京条约》的中英文原文都提供给学生，让学生看原文。相对于教科书，这就具有很强的侵略性。学生喜不喜欢这样的上课方式呢？我想至少是不反感的。我在学生时期就特别喜欢老师在课堂上和教科书唱反调，当然不能故意求新，不讲道理。

三、给学生惊喜的课堂对话也具有一定的“侵略性”

上课的侵略性除了内容方面的这种颠覆性，还应该包括教师和学生的相处方式的侵略性，对话也要有侵略性。

和学生对话，就是不断地让问题深入，要一直对话直到无路可逃。我觉得侵略性对话最经典的例子是哈佛大学桑德尔教授有关公正的讨论，我看了之后甚至有一种窒息的感觉。讨论的内容大致是这样的：一辆有轨电车突然刹车失灵了，如果按照原有的轨道运行，会撞死在前面作业的五个工人，但是如果在一个岔路上可以改变方向，让火车开到另一条铁轨上，那里只有一个无辜的人。如果你是这个司机，你会选择撞死五个人，还是改变轨道撞死一个人？有许多人就说那就撞死一个人。然后教授又追问：如果你旁边正好有一个胖子，把这个胖子推到铁轨上就可以让这个电车不至于撞死在前面作业的五个人，你会怎么做？推还是不推？如果你还坚持用一个人的命换五个人的命，就把这个胖子推下去。之后他又追问，假如你是一个外科医生，你有五名患者，都要做器官移植，分别需要心脏、肾脏等器官，这时候医院来了一个健康的人来检查身体。你若把他的器官取下来移植给这五个人，这五个人可以得救。你要不要把这一个人杀掉，把他的器官移植给另外五个人？

桑德尔的对话和追问就很有思想上的侵略性，好的课堂我觉得也应该是这样的。

以真实的自我跟学生相处

我教过的学生大都很喜欢我，我从没把自己当成一个要对他们耳提面命的老师。我就觉得我是和他们在一块儿生活的朋友，然后把我在成长过程当中得到的一些体验、经验、阅历，包括一些教训，像朋友一样与他们分享。只不过我这个朋友比他们痴长几岁，在有些方面，可能我的话语权要稍微大一些。我觉得我基本上是他们的一个大朋友。

一

《教学勇气——漫步教师心灵》里面有一句话说得很对："我们在内部真实和外部表现之间建立了一堵墙，我们扮演着教师的角色，我们的话语脱离了我们的心灵。"换句话说，本来我们和学生相处的时候与我们在现实生活中的真实面目应该是一致的，这样别人才会感觉你是一个真实的、有缺点的人，而不是一个准备随时对他人进行"指点"的人。

过去，我们老师太想在学生面前扮演完美无缺的角色，很难让学生亲近。"传道、授业、解惑"也是对老师角色的一种要求，扮演"传道、授业、解惑"的角色就需要很强的责任心，这是一种比较完美的形象。但是，我认为让学生感觉不到他在受教育，教育才是最有效的。当然，这个"感觉不到"不是因为老师刻意给他设了一个局，而是老师本来就是这样的。

我认为，我和学生相处的时候就是在创造一个环境，一个受教育的环境。这个受教育的环境一方面可能是我对他们施加影响，另一方面我也受学生的教育。他们的一些奇思妙想，一些童真、童趣，我都很喜欢。他们的那种说话方式，让我能够从他们那里吸收一点“真气儿”，使我感觉自己还不至于太老，我也受他们的教育和影响。我觉得这是一个双方共生的、共同建立的一个环境，只不过可能我对学生这方面的作用力要略大于他们对我的作用力。

二

能够以真实的自我与学生相处，也与十一学校宽松的环境有关。我是从其他学校转到十一学校的，在原来的那种环境里面，我其实只拿了一部分的自己来跟那个环境融合或相处，另外一部分真实的东西被我隐藏着。当然我拿出来的那部分当中也有真实的。有一部分是没有必要拿出来的，因为过去的那个应试环境不需要这些东西，所以很多时候我主要是通过网络来将自己真实的部分写出来，跟志同道合的朋友一块儿分享。但是，内心还是觉得有点遗憾。在十一学校这个改革的环境里，我很自然、自在，不用藏着掖着，可以释放真实的自己。

在过去的环境中，甚至跟同事们相处的时候谈话都得很注意，需要使用大家共同的概念、术语以及教育观念，要表现出跟大家有共同的兴趣，但有的时候，我是假装有兴趣。实际上，这样做会让自己觉得有点分裂。为什么不能表现自己真实的兴趣呢？因为真实的兴趣，会让别人觉得你很装。比如，你说“教学需要勇气，人的教育应该是完整的”，别人表面上会说“你说得很对”，但是可能心里面就会觉得，装什么装？所以，在那个时候、在那种环境下面没必要这样做。因此，大家追求分数，我也表现出追求分数；别人讨论这个题怎么做，我也和大家讨论这个题怎么做。这样，大家会觉得你跟他们是一样的。我能够忍受环境，忍受分裂，虽然，并不喜欢。

十一学校的改革所传达出的那种价值取向和我之前对教育的理解基本是一致的，所以，我可以把一个完整的、真实的自己安全地表达出来，这一点我觉得非常重要。

十一学校是什么样的价值取向呢？

我觉得就是，一方面要对学生的现实负责。学生要考试，家长和社会有需求，那么我们对他们在这方面的需求就不能忽视。但是这不是全部，另一方面，我们还要对学生离开学校之后的未来负责。

打一个比较简单的比方，如果把学生比喻成学校的产品，那学校对产品的售后就应负责。而原来的那种应试教育模式只对销售时候的产品负责，学生毕业后五年、十年怎么样，那不是我的事了。轰轰烈烈谈素质教育，扎扎实实搞应试教育，这就是对我刚才说的那种现状的一个比较准确的概括。

但现在我们学校不是这样的，我们真的是把学校变得像一个学校，而不是一个培训机构。当然，学校也有考试培训的内容，但更多的是让学生生活在学校，学校是学生生活的一个环境，学习是他生活的一个重要内容，但并不是全部，还有同伴的交往、社团活动、跟老师私下的相处等。

我觉得，是这些价值取向，是这样的环境，让我能够真实地表达我的教育想法，而不至于被人视为另类。当然，学校就是这样提倡的，老师要有尽可能多的机会跟学生相处，不仅仅是课堂上，还有课余时间。学生的成长既需要从课堂当中吸取那种规范的、系统的知识，同时也需要在课堂以外分享我们老师作为成年人的阅历和对人生的思考。当然，学生会批判性地吸收、接受。

这样对老师的要求就比较高了。如果你高度不够，那么在这个过程当中可能就会感觉很难受，学生也难受。按照过去那种要求只要在45分钟的课堂上你表现得像一个老师就行了，而现在是45分钟的课堂上你要像一个老师，在课堂外你更要成为一个能够推动学生成长的朋友。这个很有挑战性。

这种转变听起来很像演员演戏，要能够转换角色。但是演员总有卸妆的时候，再好的演员也不可能永远不卸妆，一不小心你还是会露出你本来的样子。这就要求我们老师自己真实的存在变得比较完善、比较上进、比较积极，这样就能很自然地体现出来，而不用考虑我这个方面是不是有缺陷。在完善自己、努力做好自己的时候，可能就已经有意识地把那些不好的东西慢慢地改掉了。这也是我努力的方向，我还没有达到那个境界。

重新定义教师角色

我所在的十一学校改革的力度非常大，我看到很多老师对此都是接受和喜欢的。当然，我不确定老师们是否都喜欢，也许有些老师更习惯以前的教学模式。

改变和改革其实不是一件容易的事情。对于大多数人来说，已习惯了原来的上课方式、原来的教育观念、原来的师生关系，突然要改变，有的方面甚至是重新洗牌，这是不容易接受的。比如，在课堂上原来是老师一言堂，从头讲到尾，老师扮演了领航员及舵手的角色。老师就是真理，就是先知，学生们只需要听，不懂的问老师。老师再给学生详细地解释，甚至还可以给学生补课，让学生把老师所讲的全部知识消化吸收，所谓“传道、授业、解惑”，这就是过去意义上的“好老师”。

现在，好老师的意义已经发生了变化，老师不再是真理的化身，“传道、授业、解惑”这个老师角色的定义也在发生改变。老师很多时候更像电视台的节目主持人，策划一次学习活动，把自己所掌握的学习资源，例如网络资源、图书资源、学生自己的资源等，整合在一块儿，让学生通过各种方式，尤其是顺应学生自己的好奇心和天性的方式高效率地来学习。而且这种学习不是单向一维的，是多向多维的；不是只有正面没有反面，而是正反方向都可以平衡地去了解。

这就对老师的素质提出了很高的要求。十一学校的老师们素质都很高，他们普遍很敬业，喜欢钻研教学，工作态度很好，值得我学习。

我很尊重我的同事，也很尊重我们学校所取得的成就，但我更多的是思考自己的不足。作为老师，只有自己付出了努力，然后有所成就，促进了社会的发展、学生的进步，才值得骄傲。

在学校的教学改革中，老师是可以做很多事情的。我们为学生的成长费了很多心思，琢磨怎么变革课堂最能引起学生的兴趣，怎么训练学生的批判性思维。其实老师的职责增加了很多，角色也有了更多的变化。我特别欣赏能够与学生教学相长的这种状态，而学生的进步最能让我感到骄傲。不仅是学习成绩上的进步，还有思维品质上的进步。有时候上网浏览新闻，我常常被新闻底下众多非理性甚至是反理性的评论震惊，那些评论几乎没有任何判断力。

但是我相信绝大多数的学生，不止是我的学生，是有是非之心的，是能够明辨是非的，我非常相信他们的判断力。因为我自己当学生的时候，常常觉得老师和家长低估了我们的判断力，他们总觉得我们分不清是非，总想把他们的是非观告诉我们。其实，我们内心的丰富程度远远超过老师和家长对我们的估计，所以我当老师的时候不能忘记了这一点。我宁可高估，因为低估所造成的危害其实比高估更大。对学生判断力的低估就可能造成老师的那种霸道和专制的作风，“你都得听我的”，“因为我不相信你的判断力”。这会扼杀学生的创造力和个性。高估就意味着我可能给他的空间过大了，但是我不会犯扼杀他们创造力的错误。纵容学生一些小的缺点、小错误，还可以纠正；但是你一旦扼杀了他的创造力，这是没法修复的，所以我宁可高估。我坚持宁可“纵容”学生，也不能低估和打击学生。

守住教育的一厘米主权

有这样一个故事：当柏林墙还存在的时候，很多翻越柏林墙从东德逃去西德的人会被东德的守卫士兵打死。柏林墙垮塌之前，有一个士兵打死了一个人。很快，柏林墙垮塌了，两德统一之后法官就对他进行了审判。这个士兵觉得自己很冤枉，他说自己开枪只是执行上级的命令，如果不执行命令就会被军法处置，应该追究下命令开枪的那些上级的责任，自己则是无辜的。最后法官判他有罪，理由是，当有人翻越柏林墙的时候你开枪射击，虽然体现了你对所处的岗位的责任心，但是你没必要打得那么准；你只选择了服从上级的命令，却没有服从自己的良心，你可以把枪口抬高一厘米。

从历史老师的视角来看，这个故事的真实性是存疑的；从法律的视角看，这样的判决其实也不一定符合法律的精神。因为在战争中死亡的人大都是被士兵直接杀死的，元首或领袖其实很少亲自动手杀人，但战争结束之后的审判，一般是由上级而非普通士兵承担战争的罪责。不过，这个故事本身是很值得琢磨的。

中国所有的媒体人，所有的教师，所有从事精神产业、文化产业的人，能不能稍微变化一厘米？在那个属于你自己的领域有所举动，也许不能够改变很多，但至少会有所改变。

有的时候我会想：如果每个从事这些行业的人都能够改变一厘米，可能我们的后代会过得更幸福一些。

也许我们不能解决所有问题，但是我们可以在一厘米的主权范围内做我们能做的事情，把损失减少到最小，把教育的负面影响尽可能减少。任何教育改革都脱离不了中国教育的大环境，我们戴着镣铐跳舞，一时半会儿我们砸不碎这个镣铐，但是我们尽可能还是要有那么一点美感。

什么是“一厘米主权”？我觉得，就是哪怕你的自由空间只有一厘米，你仍是自己的国王，你是有主权的。比如，教师是有镣铐，但是课怎么上，怎么和应试接轨，怎样做既满足应试要求同时又不伤害学生的创造性，你是有通融的权力的，是可以做些事情的。

媒体也有镣铐，但同样是戴着镣铐，有的人是寸步难行，有的人则戴着镣铐还可以走几步。理想不是等来的，一个小的局部变化，有可能会导致一个大一点的局部变化，然后依次传递，成为大的变化，最终不可忽略。人类历史的演进就是这样的，所有政策和制度的调整和改革一定要有现实的基础，要能反映现实，要解决现实提出来的问题和挑战。如果现实没有提出任何挑战，为什么要提前去改变政策呢？作为现实这方面来说，政策都没有变，为什么要提前去变呢？那么大家就只有什么都不做。

所以，哪怕是一厘米的变化我觉得也是有意义的。哈耶克在《自由秩序原理》这本书里面提出了一个很精彩的见解，他说人类社会制度的演进要遵循自发秩序。就是说在现实当中生长出来的东西，制度要服务于它；然而，现实又发展了，改革就要跟进。

我理想中最好是制度改革略微领先现实，一方面它比现实更高，另一方面，它呼应了现实却没有脱离现实，它可以引领现实朝着这个制度所需要的方向去走。当下在中国隐约看到了这种迹象，那就是倒逼改革的思路。比如，媒体言论的红线是一百米，就不能突破，那么我们可不可以前进到八十米的地方，九十米的地方，九十九米的地方？

当很多人都前进到九十九米的地方的时候，那个红线没准儿就往外面延伸到一百零一米去了，一步一步地倒逼。如果所有人在距离红线还有九十米的地方站住了，是安全了，但变革就永远来不了了。

良性的变革是大家理性、温和地逼近红线，但不突破红线，而是促使红线不断改变。这其实就是改革。

第二辑

好课的标准是什么

好课的标准是什么

好课的标准有哪些？我认为，好课应以学生为中心，具有一定的模糊性，具有一定的开放性，同时又是有边界的。

一、好课以学生为中心

我们以往打造优质课，往往是利用教研组的力量集体备课，反复打磨、切磋、演示，然后下面教研组的老师听课、挑刺，这个地方要改一改，那个地方增加一点，最终整个流程成熟之后，就拿出去了。

此时授课老师就有优势了。我见过的很多优质课老师，他们自己对那个文本或者那段历史并没有特别深刻的理解，但是在教学组同仁的帮助下，设计了一个比较好的课件、一个好的教案，然后凭借他表演的才能把这个课很完美地展示出来了。往往这种课还能够在优质课比赛中获大奖。

那么，这种课的设计究竟是基于一种什么样的理念呢？我觉得是着重表现教师对文本的理解，表现教师的基本素质，但是这个课里面缺少学生，学生成了教师手下的道具，学生存在的目的仅仅是为了配合教师，就好像学生是群众演员，教师是主角。

究竟学生能够在课堂上得到什么？2005年成都的一个优质课评比活动，让我感受到了巨大的冲击。

那次优质课评比采取了一种新颖的形式。三位上课老师都是全国的名师，课后，学生留下来和听课的老师一起评课，结果学生的看法和听课老师的看法大相径庭。老师们觉得课很好，体现出名师的专业素养很高——这个细节过渡得很好，那个地方挖掘得很好。但是学生不买账，学生最大的感受是什么？这个老师态度很亲切，很和蔼，仅此而已，他们并没有从老师上课的过程中获得东西。

当时，我的课堂观是那种老师自我展示的理念，恨不得一整堂课把自己对历史自以为独到、深刻的见解都讲出来，不但感染学生，还要顺便感染老师。但学生的评价却让我感触很深。我们理论上是以学生为主体，一切以学生为中心，但实际上，我们上课的时候还是非常强调老师的强势地位，往往还是目中无人。

在老师很精心设置的课堂里面，为什么学生感受最多的是老师的教态或者老师的口才，而不是思想和认识上的收获呢？我们都当过学生，让我们站在学生的角度来想一想，怎么上课，学生才喜欢，才有收获？事实上，只有学生的好奇心被激发起来，愿意和老师一起进行一场精神上的历险时，老师才能够真正地走入学生的心灵，否则，学生跟老师对话只是为了迎合老师。正如法国作家安东尼·德·圣-埃克苏佩里所说，如果你想造一艘船，不要鼓励人们去伐木、去分配工作、去发号施令。你应该做的是，教会人们去渴望大海的宽广无边和高深莫测。

优质课评选时学生大都聪明、体贴，平时不怎么专心的学生可能在那个时候都很专心。此时，他是消极的、被动的，他是在揣摩我们老师上课的意图，而这个问题他是否感兴趣已经不重要了，重要的是老师需要他回答什么，他怎么回答才能够出彩。因此，他有一种压抑感、紧张感。

我们作为成年人可以设身处地地想一想：在这样的课堂里如果你是学生，始终有一种下意识的紧张感，生怕出丑，那你能够从这样的课堂里面获得多少东西呢？这样的课再好，恐怕也只是盆景，剪裁得再精致也没有生命的气息，缺乏野生植物的那种活力。

人只有在松弛、自由的状态下才能产生灵感和思想的火花。怎么才能让学生有松弛、自由的状态呢？课堂必须以学生为中心，以服务于学生的成长为中心，一切为顺应学生的成长而设置。只有学生感觉到了自己是课堂的主人，他们才会放松下来。主人是不紧张的，只有客人才紧张。

所以，好课的第一个标准是，以学生为中心，尤其以学生的学科素养发展为中心。可以观察到的现象是，学生状态自然松弛，才能够讲出自己最真实的想法，才能够在原有基础上，生成新的知识、兴趣、见解以及情怀。

要做到这一点，课堂必须有适量的不确定性、异常性，甚至我们允许它有一定的无效性。所谓高效课堂，并不是说从头到尾都是干货，如果让学生的脑袋一刻也不闲着，一直在高速运转，学生的收获反而不大，学生可能难以消化。为什么课堂需要老师重复一些内容甚至留白，就是要放慢节奏，让学生有时间反刍知识；为什么课堂中出现的幽默能带来更好的效果，因为幽默的时段里虽然并无干货，但却给了学生一个愉悦的环境，使学生有好心情来接受干货或者思考干货；为什么课堂里有一些无效的环节和内容是必要的，因为这跟生活中的真实情形一样，这有助于学生将生活中形成的聪明才智用于学术。

现在的课堂有一个隐蔽而巨大的误区，那就是将生活与学术完全隔绝，学生在现实中形成的聪明才智无法用在学术思考中。之所以出现这种情形，一方面是因为我们把上课搞得过于严肃，过于高大上，仿佛课堂是教堂，讲的是另一个世界的事情。也就是说，课堂不够生活化，从而妨碍了学生的生活频道被打开。

另一方面是因为，我们总想让每一堂课都实现最大的容量，都实现最有效率的利用，就好像在一块土地上我们要把它全都种上粮食，不要一根草，不要一点其他的杂物，恨不能24小时都给它施肥。这样做最后的结果，不是丰收，而是烧苗。

二、好课有一定的模糊性

好课有一定的模糊性，这个模糊性指的是课堂流程粗线条，并不是指知识和逻辑模糊，更不是否认老师备课的作用。老师上课必须得备课，必须得对他的课有自己的理解和设计，但是不能够精确到在哪个地方做什么表情，在哪个地方要停顿。我们应该关注在课堂上和学生对话时自然生成的一些话题，捕捉其中的一些学生智慧的闪光点，进而展开。也许学生对问题的回答是出乎老师意料的，不在设计教案和备课当中，而那个话题、那个回答也许比我们老师事先准备、事先理解的东西更有价值。但有的老师就把这个问题淡化了，然后导向自己事先预设的那个情景或者结论。好的老师在这个时候是怎么处理的呢？好老师可以放弃自己事先的理解，顺着学生提出的很重要的、有价值的话题展开。这样，学生的精神才会真正地生长。所以，好课还有一个标准，就是教师能够迅速地捕捉学生思想中的闪光点，及时调整教学策略，促成思想的碰撞，达到认知的升华。

三、好课有一定的开放性

好课具有一定的开放性，这里面有两层意思：一是指师生均随时准备接受他人合理的观点，修正、完善对问题的认识；二是指能够打破学科界限，例如，语文课中可以有音乐、地理、物理、化学等各学科知识相互渗透，自然融合。

例如，美国老师在教物理学科中的牛顿第二运动定律及速度的向量分解、摩擦力测算等知识时，设计出调查车祸中车辆是否超速的实践问题，进而将之具体化为三项任务：第一，车祸中的两个车主被控超速，每个小组要作为一个律师团队向法官证明他们超速或不超速，证明时需要使用数字、图表、演示等手段。第二，地方新闻频道不间断地报道这起车祸。学生扮演新闻节目的主持人、地方台的记者、物理学专家或其他角色解释事故的细节，要使用视觉图像以帮助说明其中的物理现象。第三，给美国联合通讯社写一篇文章，详细报道这次事故，其中要有证据显示的物理事实，并使用图表。这些任务都是相关行业的实践任务，学生既需要掌握一定的物理知识和技能，还需要掌握将这些知识灵活运用于具体情境的能力，同时需要了解和运用一点相关行业的专业知识和技能，如法庭辩论的知识技能、新闻报道的写作技能等，这能够有效提高学生的综合素质。

又如，《美国语文》中有篇课文叫《“有趣的故事”》，讲的是终止奴隶贸易的故事。教学要求有以下几条：“利用图书馆资源收集奴隶贸易的事实。组织你的信息，最好画一张地图表明奴隶贸易的路线、日期和其他关键细节。”这跟历史有关。设计电影海报，“要求设计一个好莱坞版《有趣的故事》的海报。”这跟美术和平面设计有关。写一篇社论，“想象你是一名1789年的美国报社记者，当时艾库维阿诺的《有趣的故事》刚刚上市。作为一名主张废除奴隶制的废奴主义者，请你写一篇社论作为对该书的反响。”这跟论证式写作有关。一堂语文课可以自然地把历史、科学、艺术等教育结合起来，这才是好课。

有些时候，我们受制于专业性，主动画地为牢，使知识支离破碎，在狭隘的专业圈子里转来转去，找不到出路。对于学生而言，他们没有专业意识，只有问题意识，只要能解决问题，能满足好奇心，他们很多知识都愿意学。因此，重要的是调动并满足学生思考的欲望，而非强调老师所谓的专业性。

语文教育界有种观点，叫作“让语文回到语文，为语文而语文”，这有排斥其他学科进入语文的意思。我觉得这种课堂是可疑的，最多只能够把我们的学生训练得表达清晰、层次清楚、中心思想正确。但他的表达没有特色，没有见地。什么是见地？是积累的结果，你都不让学生见识语文以外的东西，他怎么能在语文课堂中表现出见地呢？

为了训练表达而训练表达不是好办法，而应让学生先有思考的素材，这素材可以来自任何学科，思有所得，然后才有表达的欲望，才有好的表达。如果一个人对一幅画或一段音乐没有感觉，无动于衷，他能够表达出很精彩的东西吗？

中国现在的文科教育的现状是狭隘的，这是客观存在的，但并不等于是合理的。一个“优秀”的历史老师可以把虚假的史实讲得活灵活现，一个“优秀”的语文老师有本事可以把一篇文章，无论是一篇什么样的文章都讲得非常生动。比如，峻青的《秋色赋》、杨朔的《荔枝蜜》，许多老师都可以讲得花团锦簇一般。

实际上，这些文本很少经过我们的思考，如果老师缺乏历史视角和历史思考，就可能将红肿之处看作艳如桃花。对于有的文本应是建构性解读，对于有的文本则应是解构性解读。好的文本，我们要建构，帮助它、挖掘它；不好的文本，要么不学，要么从解构的角度来学。

所以，好的课堂不会局限于学科，而是根据教学需要，自然地引入其他学科信息和知识。或者说在老师的心目中根本就没有语文课或是历史课，眼前只有这段史料或者一篇课文，需要音乐就让音乐进来，需要历史就阐释历史，需要物理就让物理进来，需要什么就拿什么进来。

四、好课是有边界的

好的课堂是开放的，即对文本的解读是开放的，最后的历史结论也是开放的，同时好的课堂又是有边界的。

俗话说，一千个人的心中有一千个哈姆雷特，这体现了解读的多元性，但是这个多元性不等于解读没有边界或者可以随意解读。我们在解读的时候需要逻辑，需要将解释严格化。比如，海子的诗歌《面朝大海，春暖花开》中“从明天起，做一个幸福的人，喂马、劈柴，周游世界”。我们语文老师在讲到这个地方的时候，往往会产生这样一个问题：劈柴、喂马都是常人的生活，很简单，为什么海子要从明天开始而不是从今天开始，或者是从后天开始？对海子这首诗歌的解读，我们就必须结合作者的生平及作者的价值取向来看。

1989年，海子在山海关附近卧轨自杀。他为什么自杀？他对生活持什么信念？自杀和他的诗歌、和他的《面朝大海，春暖花开》有什么关系？我们在分析这些问题的时候要讲究逻辑性，要将我们的解释严格化。为什么是从明天开始而不是从今天开始？因为海子本人是一个虚无感很强的人，他与我们生活的这个世俗世界格格不入，他觉得现实的世界实际上对他而言是荒诞的世界，而他自身的世界无法与现实的世界接轨。这种折磨、这种焦虑让他痛苦了很长时间，他很想做一个幸福的人，他千百次地下决心，要做一个平常人，想避免自己的精神被撕裂，想解除自己的痛苦。他知道这样可能会令自己发疯，所以他说要从明天开始。这就像一个染上了毒瘾的人，下定决心要戒毒，但每次下决心都不能马上就戒了，每次都对自己说从明天开始。因此这个“从明天起”，实际上表达了海子对生活的一种绝望，而不是一种对美好未来的一种追求。

有人认为诗句表达了海子对平凡生活的向往，我觉得不能这样理解。如果他真的有这样的想法，那他就不用自杀了。我们看他的诗歌，他表现得更多的是一种虚无，而不是沉醉在现实生活的幸福中。

把这些东西联系起来才能够对他进行一种解读，这样我们的解释才相对严肃。当然，我这个解释不一定是最贴切的，但是这个解释是有内在逻辑的。对文本的解读，应该既遵循其内在逻辑，又能够在开放的前提下得出一个比较严格的解释，这样，才能在解读中建构一节美好的课堂。

对历史课而言，课堂的边界指的是对事实、证据和逻辑的坚守，离开了这些东西的言论，不是新颖，而是胡说八道。

学生为什么需要上学

对我们一线老师来说，上好课是最主要的工作。但很多时候，我们只是按照惯性在上课，在工作。时间长了，在不知不觉中，上初中课的老师，变成了只有初中水平的老师；上高中课的老师，变成了只有高中水平的老师。其实，上课这个问题，是一个我们应该非常重视但是实际上却常常忽视的话题。为什么这么讲？在跟朋友交流的时候，我发现很多人并没有真正地、深入地站在学生的角度，从教育本质出发来考虑这个问题。

一、课堂教学中的两大基本问题

我觉得，要上出学生喜欢的课，我们先要想清楚两个大问题，也就是我们课堂教学的两大基本问题。第一个问题是“教什么”，一般我们都认为应该教知识，对历史学科而言就是教历史上曾经发生的重大事件、重要人物以及其中的经验教训。这是一般的看法，但是我对这个问题有一些自己的想法。第二个问题是“怎么教”，当然是要在确定了“教什么”的基础上思考“怎么教”。对于这个问题一直存在很多的分歧，有时候我们说应该是以学生为中心，有时候我们又觉得要高效率地教学，还得老师当领航员，这样才能够避免学生走弯路。

在如何上好课这个问题上很难达成一个统一的看法。每位老师都有自己独特的办法：有的老师在课堂上可以滔滔不绝地讲四十五分钟，有的老师在课堂上只讲几分钟或十几分钟。有的学校还规定老师讲课的时间不能超过一定的时限，否则就被视为违反了教学规律甚至是教学纪律。其实对“怎么教”这个问题很难有统一的标准，如果一个老师滔滔不绝地讲了四十五分钟，学生屏住呼吸全神贯注，连地上掉一根针都能听见，这样的课也是好课。

二、思考教育的本质

“怎么教”固然重要，但如果不先搞清楚“教什么”的话，问题更严重：老师通过精湛的教学艺术一丝不苟地传播了谬误和偏见。所以，先得探讨“教什么”的问题。

教什么呢？回答这个问题就要从教育的原点出发，也就是从教育是要干什么的这个角度出发，即思考“教育的本质是什么”。只有把这个问题想明白了，我们的方向和路径才不会歪。但我不是从高考的角度来分析，因为如果是从高考的角度来说的话，回答“教什么”很简单，以考定教，考什么我们就教什么。我要再往前追溯，如果不应试，历史教育是什么样的呢？一个人来到这个世界后，他要接受什么样的教育？如果是历史教育，要接受什么样的历史教育才能对他的成长比较有好处呢？这是我认为的要从教育原点出发的一个含义。

从教育的原点出发，先要探究教育的本质。我们对这个话题既熟悉又陌生，熟悉是因为我们以前曾经学过教育学、心理学，还背诵过关于教育的本质的概念等；陌生是因为在教育实践当中，我们很少有机会能够深入地思考，或者在一起切磋究竟什么是教育的本质。

我想借助动物世界中的一个现象来探讨教育的本质。

当狮子攻击牛群时，牛常常狂奔乱逃，而当狮子攻击更弱小的人类时，人类却在经历短暂的慌张后，迅速组织起反攻，狮子从猎人变成了猎物。为什么会有这样的差异？因为牛不懂得合作和奉献能够给整个族群带来更大生存机会的道理，更不懂得族群生存机会大了，个体生存机会也相应增大的道理。而人类在经过了多次痛苦的经历后，通过教育把这些道理传授给了后代，不仅如此，还把使用工具的技能传给了后代。教育是人类狡黠之处，凭借教育，人类才能战胜其他物种而成为世界的主宰。人类世世代代累积的智慧通过教育让后代得以分享，这是人类越来越强大的根本原因。可以这样说，教育是人类的“大杀器”，它比锋利的爪牙和坚韧的皮肤更管用。

人类是从动物进化而来，我们要生存、发展，就一定离不开教育。通过教育，我们可以分享前人的生存智慧，我们可以把前人总结出来的一些经验、教训，通过一定的计划，有组织地把它传递给我们的后人，这就成了教育。我想这就是教育的一个重要本质。教育就是为了让我们的后代能够活下去，活得好，还能够再进一步发展。所以，我认为教育先是要把孩子教聪明，而不是教傻。

事实上，在我们的日常教育当中，我们确实看到了另一种“教育”，是用很多狭隘、偏激甚至是情绪化的东西去填塞孩子的头脑，使其逐渐丧失生气，变成了一个缺乏创造力、缺乏活力的人。所以，我感觉如果不弄清教育的本质是什么，这个教育就是有问题的。如果老师在上课的时候，能够从教育的本质出发，让孩子变得更有智慧、更聪明，我们的教育至少是一个正数，用现在时髦的词来说是“正能量”，而不是负数、负能量。

怎么才能够让孩子变得更聪明呢？怎么才能够让他们分享生存的智慧呢？如今这个时代，和以前将老师的作用定位为传道、授业、解惑的时代已经不一样了。老师不再是真理的垄断者，也不是知识的控制者，更不是智慧的化身。老师应该有一个新的定位。在联合国教科文组织编写的《学会生存——教育世界的今天和明天》一书中，有这样一段话值得我们思考："教师的职责现在已越来越少地表现在传递现成的结论，而越来越多地表现在激励学生思考上；除了他的正式职能以外，他将越来越成为一位顾问，一位交换意见的参与者，一位帮助发现矛盾论点而不是拿出现成真理的人。他必须集中更多时间和精力去从事那些有效果的和有创造性的活动：互相影响、讨论、激励、了解、鼓舞。"[①]这就意味着要让学生分享前人的智慧，靠我们这样一个单向的渠道进行灌输是远远不够的。怎么能够让学生高效率地学习？这是我们当代教师先要考虑的问题。我想，与其说我们是站在第一排的演员，不如说我们是一场学习的策划者。也许我们不一定要直接站在前台滔滔不绝地把我们所掌握的知识、见识、经验传授给学生，有时候我们可以说很少的话，但是我们给他们提供一些路径，像导游给游客起引导的作用一样，引领学生在知识智慧的海洋里遨游，告诉他们去哪个地方可以发现什么，值得去体验一下。这样更接近于我们对现代教师的定位，也才能够真正地做到把智慧传递给学生。

① 联合国教科文组织国际教育发展委员会．学会生存——教育世界的今天和明天［M］．北京：教育科学出版社，2000：108．

老师应该教什么

教育的本质是大叙事，学科的目的是小叙事。大叙事提供大方向，小叙事提供精确的路径。我想，每个学科都需要将教育的本质和学科的目的结合起来思考。我相信，数理化教学的目标绝对不仅仅是为了让学生做对题，它一定是有自己更加深远的目标的。我和一些教数理化的同事有过一些深度的交谈，我觉得我们有共识，有惊人的一致，是什么呢？是学科思维和批判性思维。我们都认为应该从学科中抽象出这两种思维。学科的具体知识是承载这个抽象的东西的载体，你必须在具体的知识当中去了解和把握抽象。

例如，历史学科中思考问题的方式也是从历史事件当中抽象出来的。只有把这个问题想明白了，我们的教学才不会走冤枉路，课堂才会被学生喜欢。学生就算不懂，就算很缺乏知识，但是他天性中对知识的真理性是敏感的，可能他并不知道这就是本质，是真理，但是人是有这种本能的。如果你绕开了这个本质在知识的皮毛上面下功夫、做文章，比如，我们的某些历史考题，让学生排甲午战争、中法战争、戊戌变法、义和团运动这四个历史事件的先后顺序，这有什么意义啊？正确的顺序我不知道，但是我只要在网上搜索一下我就知道它们的先后顺序了。因此，我们教师要用力的方向也一定是电脑没法代替的。

如果我们还把自己在学生时代受教育的模式复制到现在的教学模式中，那就是对教学的一种贬低，把教学贬低到了电脑硬盘的程度，相当于我们的教学是储存着很多信息的一个硬盘，然后拷贝给学生，并在学生的大脑里面储备起来，这是很糟糕的。这样子的话，老师根本就没有竞争力，你竞争不过硬盘，现在的硬盘随随便便就是500个G，你大脑里存的东西能超过500个G？

但是电脑有一个巨大的缺陷，就是电脑的中央处理器无法对储存的信息进行有机的整合，从而创造出一种新的认识和见解。你输入再多的信息电脑也产生不了见解，而我们人脑能够产生见解，这就是人脑最可贵的地方。因此，我们的教学要着重强调的部分就是处理信息的能力，要在这个方面努力，去帮助学生发展他这种处理复杂的学科信息的能力，从而产生创见。

人为什么要学历史

要弄清“人为什么要学历史”这个问题，我们需要从历史学科的作用、历史学科的内容及目的几个方面来考虑。

一、历史学科是做什么用的

有的人觉得，学历史就是要旁征博引，谈古论今，上知天文，下知地理，成为一个非常健谈的、像百科全书似的人物，这是学历史非常重要的作用。这是我们学习历史的主要目的吗？我想肯定不是，因为一个人拥有的知识再多、再丰富，他都不如百度和谷歌掌握得多。

还有第二个说法：学历史是为了以史为鉴，借鉴过去的经验教训。这个说法对不对呢？在很长一段时间内，大家都觉得这是有道理的，大家都觉得这可能就是学历史的主要目的。我认为这个说法有道理，但它不全面。

为什么这么讲？

我们并不能简单地照搬前人的经验。如果我们简单地强调借鉴前人的经验教训，可能就会让我们做出错误的选择。我举一个借鉴经验教训，结果却给自己带来灾难的例子。

在法国大革命时期，路易十六有一个信念，就是坚决不能用军队来对付自己的臣民。他之所以有这样一个信念，是因为他从英国国王查理一世那里得来的教训。查理一世在革命中被送上了断头台，而路易十六在总结经验教训的时候，认为查理一世之所以被处死，是因为他用军队来对付自己的臣民，所以路易十六坚信，只要不用暴力、不用军队来镇压抗议的臣民，他就能够避免查理一世的悲剧。然而结果怎么样呢？一个温和的国王，甚至温和到了优柔寡断程度的国王，依然被送上了断头台，而且把他送上断头台的罪名是跟他的决定、他的原则大相径庭的一个罪名——暴君。为什么会出现这样的情况呢？路易十六有没有借鉴前人的教训？他借鉴了。那为什么他仍然没有避免悲剧性的结局呢？因为他对从历史当中吸取的教训简单地、机械地照搬，而没有深入、深刻地去思考当时法国的现状。

这就涉及历史学科的本质了，历史学科的本质是对历史人物、历史事件进行精确、细致的分析，需要一种批判性的思考，而我们要把这种思考和这种意识传递给学生，让学生具备这样的素养。只有当学生具备了历史学科中最重要的素养时，历史学科的本质才得以体现。

这种素养就是批判性思维，所谓批判性思维，就是当一个人面对陌生的事件、陌生的信息时，下意识地悬置批判，不轻易肯定，也不轻易否定，而是尽可能地去寻找全面的对称的信息，来和已经掌握的信息进行比对，从而得出一个比较合理的看法。换句话说，就是我们在建立起自己的世界观和对某些问题的看法时，总是能够习惯性地去寻找足够的证据来支撑我们的看法，并能够站在我们看法的对立面来理解对立面立场的合理性，然后做出自己的判断。这种看法不见得就一定是正确的，但是它应该是相对合理的。

世界上没有绝对真理，我们不可能说我们的看法是绝对正确的，但我们能够追求那种比较接近历史真相的看法，也许我们永远达不到，但是我们可以无限地去追求、去接近。我想历史学科的本质，大概可以这样来总结。

二、历史课教什么

我们教给学生的是一种思维方式，是以理性和逻辑为基础的素养。具体来说，就是让学生学会在确立观点之前有证据，观点和观点之间有逻辑性，观点和主题之间有密切的关联，从而清晰、有力地陈述自己的见解。我们不要求学生的观点一定要正确，但是我们追求学生的观点要有足够的说服力，如果没有足够的说服力，那么就说明我们的教学可能有问题。

目前的教学常态是，我们常常把一些没有经过思考的结论和观点直接灌输给学生，让学生记下来。我觉得这不是教育。这是在阻碍学生的成长和发展。

作为互联网时代的一个普通人，我有必要去明白历史上的王朝兴衰有哪些教训吗？秦朝为什么灭亡跟我有什么关系呢？假如我是一个程序员，难道我不明白秦朝灭亡的原因，我就不能够找对象、我就不能干好工作、我就不能获得幸福吗？对绝大多数的普通人来说，以史为鉴明白王朝的兴衰更替其实是没有什么意义的，所以说把以史为鉴作为历史学科的一个目的是说服不了大多数普通人的。

三、历史学科的目的究竟是什么

我们为什么要学历史呢？这个问题是需要我们重新思考的，既需要我们从族群生存发展的角度来考虑，也需要我们从个体生活的需要和自我发展的角度来理解，这样我们在教历史的时候才会放下身段，才能避免以宏大叙事遮蔽个体诉求。

没有对历史的了解和批判性的思考，社会就不能分享以下共同的记忆：我们曾经在哪里？我们应有的核心价值观是什么？历史上的哪些决定仍在影响我们今天的生活？一旦我们缺乏这种集体的记忆，我们就可能会陷入政治的冷漠症当中，甚至不能理解报纸上发表的新闻和披露的问题，不能听懂一场演讲，不能和别人谈论有关的公共话题，甚至有人连电影都看不懂。

在生活当中，我发现很多人不喜欢看经典电影，平日里基本上就盯着“神剧”这一类的节目来看，我开始不太理解，后来我发现他们之所以不看那些电影是因为看不懂。那些经典的电影常常都有历史背景，有很多典故，尤其是欧美的历史，普通人可能就更缺乏了解，所以他就不喜欢看。这样一来就失去了人生中很大的乐趣，而且也失去了自我成长和发展的机会，更严重的是如果我们不学习历史，不关注历史，可能就会对当下的一些事情表现得很冷漠。

比如政治上的冷漠症。在日常生活中，我们常常听到这样一种观点：你说的那些不好的东西，我们都清楚，但是你能改变什么呢？一个人的作用太微不足道了！所以不用去关心那些，你就关心自己的事情就好，把自己做好就行了。

对于这种观点，我有强烈的看法。我发现对政治比较冷漠的人，往往都不是热衷于历史、关心历史的人；而反过来关心历史的人，多数都是对政治有关注、有思考的。

这个政治冷漠症究竟会对我们的社会生活造成什么样的影响呢？它会使一个社会不公正的现象更长时间地存续。你不关心政治，但是政治却时时关心我们，我们中国今天所有的重大社会问题，绝大多数都跟政治有关联。无论是经济的，还是教育方面的，深入地去思考，你都会发现其实它的根子和政治有关联。如果大家都比较冷漠，不去关心它，那么这种缺陷、不足，就会存在很长的时间，因为它没有改革和改变的压力，所以我们是需要关心政治的。

关心政治对我们每个人的生活是有影响的，而要唤起这样的热情，或者说具备关注政治的能力，我们就需要学习历史。只有这样，我们才能够理性地、健康地参与到公共生活当中。所以我认为，历史学科是有必要从个人生活的需要和自我发展的角度来理解的。

好的课堂观从哪里来

我们的哲学观会影响甚至决定我们的教育观，哲学观会影响我们对课堂教学的看法，会影响教师在课堂当中的位置。

一、决定课堂观的哲学基础

在无边无际的宇宙当中，人类很渺小、很卑微。进而我的头脑中又产生了这样一些问号：我们人类掌握绝对真理了吗？我们很有底气地向学生灌输和教育的那些东西，一定是正确的吗？我们凭什么要用那样确凿无疑的语气来影响学生呢？

我个人对这个世界有这样几个基本的看法，这些看法影响了我对教育方式的选择和理解。

人类这么渺小的生命，怎么可能完全认识如此广阔无垠的世界呢？我们对这个世界注定是只知其一不知其二，没有人能掌握绝对真理。

社会科学自不必说，那自然科学呢？比如说太阳的东升西落、万有引力这些是绝对真理吗？都不是。离开了地球，至少地心引力就不存在了，但星球和星球之间还有引力。若遇到了黑洞呢？这个万有引力的规律可能就改变了。太阳东升西落好像是永远不变的，其实它也是可以改变的。据科学家们研究发现，在银河系中心有一个巨大的黑洞，而太阳系处于远离这个黑洞的边缘地带。由于距离是如此遥远，以至于我们被黑洞吸引过去的速度不是很快，是慢慢地在向黑洞靠近，但是只要有足够长的时间，也许有一天整个太阳系都会被银河系中心的这个黑洞吸收，撕成碎片，最后被吞噬。那个时候，哪里还有太阳的东升西落呢？

所以我认为自己是一个不可知论者。我认为从终极意义上说，世界是不可知的，我们所知道的世界只是整个世界的一部分，我们现在所获得的一些真理性的看法，以及大家所公认的科学的看法和观点都是临时性真理。

既然没有绝对真理，我们的教育应该抱着一种比较谦卑的态度。现在世界上最聪明的人都没有掌握绝对真理，更何况我们？书本传播了知识，也传播了谬误，所以我们应该提倡探究式的学习方法。这种方法是建立在一种理性的、谦卑态度基础上的。

我们老师由于年龄大一点，接受的教育多一点，在某一个局部可能比学生了解得稍微多一些，但是就创造性来说，我们不一定比学生强，事实上，很多学生比我们老师更有创造力，更有想象力。

我们的教育有时是扼杀创造力的，你读书的时间越长，受到的扼杀可能就越严重。我自己的体会是，如果我读大学的时候天天上课，我可能就无法取得今天的成绩。

所以，老师的课堂教育观应该是怎样的？

就是尽可能创造和学生平等对话的课堂，老师最多是一个平等对话基础上的首席。这既是一种修养，也是一种哲学观的体现。

我们如此的卑微，怎么可能有底气在学生面前说你掌握的是绝对真理，然后滔滔不绝地告诉学生你们应该怎么样？怎么可能呢？我们发现越是伟大的科学家说话越谨慎，设定的前提越多。

再说，学生喜欢老师的平等态度，这个平等态度实际上是一种在知识面前人人平等的态度，实际上是在浩瀚无际的宇宙面前个体的差异可以忽略不计的一种平等。

我们和学生之间的差异我们觉得很大，但事实上呢？在浩瀚的宇宙中，我们的那点差异算什么啊？就像我们看蚂蚁，我相信蚂蚁当中一定既有聪明的，也有愚蠢的，那你能找出哪一只是聪明的，哪一只是愚蠢的吗？在我们的眼中，蚂蚁们智商上的差异可以忽略不计，那么在一个更广阔的知识背景下面我们和学生的差异是不是可以忽略不计呢？你有什么理由不谦卑呢？

二、有平等的哲学观才会有好的课堂观

在这两个前提之下，我形成了自己对课堂教学的看法。

我觉得我们教师在课堂上的态度应该是谦卑的，不应该有真理在握的霸气，不应该居高临下地以真理的化身自居。

课堂应该是怎样的呢？

应该是开放的、探究的，就是作为教师，我们随时准备承认自己的错误，随时可以矫正自己的看法，只要学生的看法有说服力，“你可能对，我可能错”就应该是课堂当中师生双方共同遵守的一个准则。只有这样，教师的身段才能够真正地放低；也只有这样，教学才是有意义的。

有的时候我们的哲学观没有改变，但为了体现自己在课堂上和学生的平等态度，咬紧了牙关，时刻提醒自己一定要平等地对待学生。教师在态度上可能会做到很谦和，但在发表观点的时候，却是非常地霸道；语气可能非常地温和，而观点却是不容商榷的。

这种课堂，我在平时听课的时候听到了一些；在看一些所谓优秀的课堂教学实录的时候，也看到了不少，所以我们要思考，在教学当中教师怎么来体现那种平等性？

我认为，教师不能仅仅是表面上和学生平等，更应该是在内容、价

值观、哲学观上有一个真正谦卑的看法之后，然后由里向外散发出的一种平等。只有具备这样一种观念，我们的课堂教学才可能真正地开放出美丽之花。

创造条件让学生体验历史

我们需要尽可能地创造条件，让学生能够体验到历史人物的生存处境、思维方式、价值观，然后站在他们那个时代的人的角度上去思考问题。钱穆先生把这种方式叫作“历史看法”，把站在当下人的角度去回首、评价历史的角度叫作“时代意见”。我比较同意这两种区分。

在日常教学当中，我们更多地倾向于当代的看法，就是站在我们这个时代去看历史。很多时候教师没有办法创造一种情景，让孩子能够回到历史环境中去体验当时的氛围，去理解当时人们的思想观念，去理解他们为什么做出某种行为选择。如果没有对历史环境、对过去的一种设身处地和身临其境的体验，那么历史教育就是残缺的，甚至是被扭曲的。

前不久，学术界在谈到辛亥革命的时候有这样一个看法，认为辛亥革命错了。因为辛亥革命中断了清政府自上而下进行的君主立宪改革，使得革命以后国家陷入动荡，军阀混战，民不聊生。革命并没有能够实现革命者的初衷，即建立“三民主义”的国家，民国是有名无实，仍然是专制集权。如果当时不革命，让清政府继续领导，也许中国会走得更加稳健。这个观点在学术界引起了不少争议。

我觉得这是从当代人的角度去看辛亥革命，是一种当代的看法。这种看法有没有合理性呢？从当代的角度来看，当然有合理性，因为革命彻底颠覆了过去那个年代的政治制度、经济制度、统治阶层，甚至连价值观也颠覆了，因此人民、社会有一个剧烈的不适应期，为枭雄提供了可乘之机。但是如果我们能够回到那个年代，体验那个年代人们的生存状态和思想状况，也许对这个问题的看法就不一样了。

我们要思考，1911年的辛亥革命是在一个什么样的背景下发生的？当时，知识精英阶层普遍对清政府失望，地方的士绅阶层也很失望，政府里面的汉族官僚阶层更是失望。整个中华民族从1840年鸦片战争以后，经历了无数的挫折、屈辱，对清政府也是多次包容，结果这些包容和预期一概没有带来好的结果。鸦片战争输了，大家还指望清政府能够重振雄风；第二次鸦片战争又输了，又再寄予希望；然后中法战争丧权辱国，大家还没有失望；最后甲午战争又失败了，空前丧权辱国；这时就产生了改革的呼声了，结果维新运动又被镇压了；之后八国联军又打过来了……在一次一次的挫折当中，清政府的腐朽、软弱暴露无遗，人民对它的忍耐已经到了极限，尤其是精英阶层对清政府已经完全失去希望。

如果我们不回到那个年代去感受当时人们的痛，你就理解不了他们为什么会如此极端，用炸弹去刺杀清政府的首脑人物。站在今天的角度来看，这好像是恐怖主义行径，但是如果你没有那种痛感的话，你就不知道、不理解当时的人为什么会这么选择，你也就不知道清政府的腐朽对人们所造成的那种空前的绝望。在绝望中的人们所产生的一种过激的反应，就是革命！这个革命是清政府逼迫出来的，不管结果好不好，罪魁祸首都是清政府自身。

我们不能够说革命者的选择不对。在那种情况下，革命者还有别的选择吗？已经尝试过了，等待过了，改革的结果呢？都失败了！所以革命者拿起了武器。如果我们上历史课的时候，不能够让学生回到这个时代里面，去静静地体会、感受，而只是从字面上去理解当时的经济基础、阶级条件、统治的腐朽，学生是不会有刻骨铭心的感受的。你必须让他们作为一个普通读书人、一个普通的士绅、一个汉族官僚，呼吸一下那种腐朽的空气，感受那种压抑、郁闷和绝望，他们才能够理解辛亥革命的合理性，进而才能够理解辛亥革命的意义，才不至于贬低辛亥革命。

所以，教育一定要注重体验，尤其是我们历史学科。只有在体验中，教育才能够真正地内化为学生血液的一部分，才能够真正地成为学生人格的一部分，才能够真正激发学生的历史本能。这样，我们中国的历史中那些可歌可泣的故事才能够真正内化为学生的精神力量，否则，历史教育就只能和学生的人格相分离。

好的课堂需要有批判性思维

什么叫“批判性思维”？就是通过自己主动的思考，对所学知识或信息的真实性、精确性、过程、理论、背景、论据等进行个人的判断，从而对做什么和相信什么做出合理的决策的一种思维认知过程。

一、知识或信息的真实性是思考问题的前提

甄别信息的真实性，本应成为所有人本能的反应或者说基本的素养，中国自古就有“兼听则明，偏信则暗”的警句，但在生活中，我们常常选择性失明，看自己想看的，听自己想听的，信自己想信的，而真实则被搁置在一旁。

有一年，十一学校国际部的韩国学生和中国学生打架，原因是中国学生到韩国学生所在的楼层接水，导致韩国学生的水不够喝，于是韩国学生就在水桶旁边贴了一个纸条，写着“中国同学不得在此饮水，否则要报告老师”。然后有一个中国的学生，在看到这个纸条后偏要去接水，被韩国的学生发现了，双方就起了争执。当时韩国学生人多，就把这个中国学生给打了。其实，这就是校园当中常见的摩擦和冲突，然而这次事件差点引起一场外交风波，还引起了韩国驻华大使馆的关注。

为什么会产生这么大的影响？因为被打的这个中国学生回到家之后，在百度贴吧上发了一个帖子说这个事情。他提到一个细节，就是韩国学生在水桶旁边写的字条是“中国人不得在此饮水”。一说“中国人

不得在此饮水”，我们马上就联想到“华人与狗不得入内”这样一个屈辱的记忆（其实“华人与狗不得入内”这个提示是否真实存在，至今还有争议），所以很多中国学生都觉得韩国人太欺负人了。就这样，一个很简单的冲突就变成了一个爱国主义和民族情感的催化剂。这个帖子发了之后，北京社会上的一些人甚至也跑到我们学校门口聚集，学校只好要求韩国学生一律不要走出校门。当然，后来学校处理得很好，没有让事态恶化，而且这起事件还成为“多元文化理解日”的由来，变成了一个教育活动——怎么理解外国人，怎么理解多元文化。

发生这件事的时候，我去上历史课，有一个学生问我知不知道所谓韩国人打中国人的事。他对我说是韩国人打中国人，而不是说韩国学生跟中国学生打架。我说我听说了，然后这个学生气呼呼地问我：“老师你怎么看这个事情啊？你觉得他们对不对啊？”他要我拿一个立场和态度出来，我感觉要是我不站在中国人一边，可能就会被他打一顿，他当时情绪真的很激动。于是我就说：“这样吧，马上要上课了，三言两语也说不清，一会儿上课的时候，我们单独拿出一段时间来说这个事好不好？现在我就不跟你说这个事了。”那个学生答应了，然后上课的时候特别安静，大家都瞪大了眼睛来听我对这件事的看法。

像我这么“老奸巨猾”的人，肯定不会一开始就把自己的看法抛出来，我看着这些学生，说：“在表达我的观点之前，我想先听听同学们的看法。”大家就七嘴八舌地说了很多，甚至有一些过分的话，只有一个学生说：“老师，我想找我在国际部的同学了解一下这个事情，是不是像网上讲的那样。”此时，我内心才稍微安静了一些，看来我的教育还没有彻底失败，好歹还有一个人清醒一点，他还会质疑。当时，大多数人都不去想这件事是不是这样的，就相信一面之词。我就借这个学生的这句话谈了我的看法。我说：“我们学历史，我教历史要干吗？我们不是要记住历史上的一些事情，而是要学会如何思考问题，学会如何在面对问题的时候做出一个明智且合乎情理的选择。要做到这一点，我们在面对一个新信息的时候，就不要轻易肯定它，也不要轻易否定它，应该去寻找证据，把这个事情的真实性、准确性查实了。在这一点都没做到之前，你这么激动、这么愤怒，完全是无的放矢，甚至有可能会造成对自身的伤害。这个问题在我们没有了解到真实的情况前，先不去评价，我们正常地上历史课。了解到真实情况之后，下节课我们再继续就这个事情进行追踪讨论。”学生们觉得这个方案可以接受，就接着上课了。

后来有学生了解到信息，一通报，原来真相不是像网上传言的那样，就是学生间常见的摩擦。根据学校的规章制度，这个问题很容易解决，用得着上升到民族国家的高度吗？所以真相一旦被了解，大家就觉得没有那么充分的愤怒理由了。那么为什么大家一开始很愤怒？我的看法是，我的学生还缺乏批判性思维，还不够通情达理，这种思维的养成可能需要一个长期的过程。所以，要把批判性思维作为我们教育的一个重要目标，就是要让学生变成通情达理的人。如果我们的学生不够通情达理，中国的未来就令人担忧。只有我们国家的未来掌握在通情达理的人的手上，中国持续、健康的发展才会有基础。

二、理论反思是批判性思维的高阶素养

批判性思维还包括对所接触的理论进行个人的判断。在评价拿破仑时，大家普遍认为没有拿破仑也会有另外一个人取而代之，时势造英雄。如果真的将它作为结论教给学生，让学生相信，我觉得这就是对学生思维的伤害。难道一个时代需要伟人，伟人就真的会出现吗？难道没有出现伟人的时代都是不需要伟人的时代吗？这是经不起追问的。蒙古人入侵中原，大肆屠杀汉人的时候，请问我们的英雄在哪里？为什么没

有人出来力挽狂澜，难道那个时候不需要吗？鸦片战争以来，我们屡次挨打，屡次丧权辱国签订不平等条约，这个时候不需要伟人吗，为什么伟人没出现呢？印度在19世纪40年代成为英国的殖民地，那时印度的伟人在哪里？

当然，那些时代也出现过领导人民反抗的英雄，但对于整个时代而言，没有太大的作用。所以说一个时代需要英雄和伟人，并不见得英雄伟人就会一定出现，只能说某个时代特别需要英雄的时候，产生英雄的可能性比平时更高了。时势和英雄之间的关系只是概率上的，并非绝对的因果关系。如果把它作为必然的因果关系，这就叫历史决定论。

我们应该有这样一种哲学观：所有的看法都是相对的，没有任何一个看法是绝对真理。如此，我们就会下意识地对这些经典理论进行质疑和反思，就不会轻易用宿命论的叙述和看法来解释历史，这就是批判性思维的运用。我们要对自己所学的理论进行一个个人的判断，而不是人云亦云。

我们还要对所学知识的背景和论据，进行一种甄别和判断。我发现跟学者们打交道的时候，他们说话都特别谨慎，他们对于自己提出来的论点和论据抱持一种谨慎的态度，他们的话中若有漏洞，他们一定会主动提出来。他们不会认为自己的话绝对正确，你会感觉他们说话很靠谱，他们说出来的话显然是经过大脑充分处理的。如果我们的学生有像他们这样的习惯，所有进入大脑的信息都有一个对其真实性、精确性、理论过程等进行个人判断的过程，中国的未来就会很美好。如果没有一个自己的处理系统，是别人通过某种方式把一套思想作为插件安装在自己的大脑里面，那就会发生悲剧。

我曾有一位同事，我们俩在一个办公室，经常争论，但事实上我们俩的价值观是不一样的。我知道我不能说服他，就给他推荐一些书、一些电影。但我那位同事根本不看，说我推荐的都是歪理邪说。这是比较可怕的。我更希望我的学生建立一个开放的系统，能够对不同的观点进行综合比较之后做出自己的判断。

三、批判性思维是每节课应有之目标

为什么每节课都要训练批判性思维呢？因为批判性思维能力不是一节课、两节课能够实现的。所以，我觉得课堂上不要刻意去强调知识的细节，如哪一年发生了什么事情。我们记了好多东西，就是为了让学生在做选择题的时候能够把顺序排列正确，这有意义吗？这些都是素材，我们是要用素材来训练思考问题的方式，最终是指向思考的。只要学生思考了，素养有了、能力有了，那么知识的细节就是遗忘了也没什么关系。

我在自己的教学生涯当中，也做过很多伤害学生的事，因为我毕竟教了差不多十届高三毕业班，只能用应试教育的方式去训练学生。结果平庸的学生考得好，真正好的学生却往往考不出很高的分，往往是中等和中等偏上的分。那种细致、听话、学习习惯好的人，最容易考高分。因为老师说什么是什么，他吸收知识的效率很高，如果你老是怀疑老师说的、教科书上说的，有抗拒心理，那就记不准、记不牢，这是人性。但恰恰这部分人是真正适合学历史的。分数很高的人其实是最不适合学历史的，因为他对历史并不感兴趣，只是习惯了听老师的话，听家长的话。

我觉得我们老师不是救世主，但是我们可以在自己的一亩三分地上，让一部分人先理性起来。这一点我是可以做到的，我自己教的几十个人我可以做到。我们讲话都要有根据，都要去求真实，这就是历史老师的职责所在。

有人说，老师不就是耍嘴皮子嘛，尤其是历史、政治老师，纯粹是耍嘴皮子。对此，我会说："对，原子弹是理工科研究的，但是否使用原子弹，应该由学文科的人来决定。"

有人这样批评知识分子，"你们也就是说说，为什么你们没有行动呢？破坏一个世界容易，建设一个世界困难"。这种质疑毫无理由。社会有分工，学者的天职就是做啄木鸟，就是挑毛病的，挑毛病就是在履行他的职责，批评就是他的行动。

第三辑

好老师擅于提出好问题

好老师有什么样的个性

什么是教师的个性？就是总有想与众不同的冲动。如果一位教师能够很平静地接受和大家上一样的课，就很难上出有个性的课，也很难上出好课。

拿到一个文本，简单看一下，别人怎么教我们大概就清楚了。然后，考虑的问题应该是怎么能够避免雷同，怎么能够挖掘出别人挖掘不出来的一些东西。如果我们总是这样考虑、这样备课的话，那么我们的课就容易出彩，就容易给学生带来惊喜。教师有个性是至关重要的，总想与众不同，不能接受平庸，不能接受“我只要按照常规把课上下来完成任务就行了”这样的庸常状态，才可能成为有个性的好老师。我认识的很多名师，他们的课之所以让学生喜欢，被同行接受，都是因为他们有这样一种冲动，那就是追求与众不同。

其实，不仅仅是上课，我们做任何工作，如果都有这样一种冲动的话，我们的工作就会做得更加优秀。比如，苹果之父乔布斯，他说自己做苹果手机从来不去市场调查，不考虑消费者的需要。为什么？他有一句名言，“顾客不知道自己想要什么”。乔布斯知道，自己的手机一旦做出来，大家就一定会需要。他很推崇福特汽车的创始人亨利·福特的一句话：如果你问顾客想要什么，他们可能会说自己想要一辆速度更快的马车。

好课也是这样，很多时候我们说不好好课的标准是什么。我们不能提前预备些标准，比如，多少人回答问题，举手率是多少，学生说话的时间占课堂时间多少比例，等等，达到这个标准，就判断是好课了。但我们听到好课就会知道这就是好课。凡是能够符合预备好的标准的课都不会是最好的课，可能是比较好的课。就像能够满足消费者需要的、适销对路的产品肯定是比较好的产品，但却不一定是最好的产品一样。

十一学校变着花样“折腾”运动会和开学典礼，每次开幕式都不一样，每年开学典礼的设计也要求创新。下面干活的老师觉得累，但是学生喜欢，就逐渐形成了一种创新文化。之所以这样，是因为校长在工作中有希望与众不同的冲动，不满足于一个一般的可以接受的结果，他总是要问能不能够再好一点，能不能够再新一点，能不能再改一下。所以十一学校做事的标准就会高一些，这或许是十一学校能够走到今天的原因之一。如果我们总是追求这种与众不同，我们就会很容易在同行当中脱颖而出，并且被别人接受。

对一个想与众不同的老师来说，在上课之前，对于文本一定要心里有数：这个文本其他老师会怎么上，自己该怎么上，自己和其他老师不一样的地方在哪里，自己有哪些亮点。人有我有，人无我也得有，要看到别人看不到的地方，然后，在这个地方和他们不一样，寻找突破。哪怕没找到自己的亮点，也肯定能够发现自己的某些优势、长处。如果想偷懒，不去寻求突破，那可能永远也成为不了一个让学生特别喜欢的老师，顶多成为一个应试特别好的老师。

当然，和别人有不同不是“为赋新词强说愁”，一定是由知识自然延伸出来的。一篇课文，一组材料，一堂课，永远不会达到知识延伸到尽头了，或者别人把所有可以延伸的地方都延伸了，一定会有些别人还没有延伸过的领域。这种不同是别人没有发现，而你发现了的。这些不同，是你课堂里的一种个性，甚至可以成为你的特色课。所以，我觉得好教师一定要有与众不同的追求，这也是最应该有的一种个性。

选择与自己天性一致的教学方式

年轻的时候我们都要去听很多课，看很多课例，去学习老教师的优点。很多时候我们会很困惑：自己很喜欢某个老师的风格、模式，但是自己好像很难学过来，那还要不要学？

一

如果让我按照袁腾飞的那种方式来上历史课，我一定上不过他。为什么？因为他是北京人，嘴皮子特别溜，对临时生成的机智和幽默特别在行，我在这方面比他迟钝，所以在现场即兴生成很多东西、满口幽默和生动形象的比喻这些方面，我肯定不如他。我也喜欢看他的视频，但是假如让我向他学习，那我就毁了，因为我永远学不来，这是天性。有的人反应就是快，嘴皮子就是溜；有的人是慢智式思维，有的人是快智式思维；有的人对现场的反应就是很快，有的人就要慢半拍；有的人就是有板有眼，比较严谨，有的人就是比较活泼和幽默，这是没有办法改的。所以，教师不要成为一个与自己的天性相对立的像某个名师那样的人。

反过来，如果让袁腾飞上我这种类型的课，我估计他也会很困难。

我的课给学生的空间比较大，我和学生一块儿探究，课堂能够深入，能够发现一些新的想法，能够锤炼创造性思维，这是我个人非常喜欢的，也相对比较擅长的。如果你是一个年轻的历史老师，在看了袁腾飞的课和我的课后，你决定学谁呢？其实最好是谁也不要学，自己先对自己评估一下，看谁更适合你的思维方式。要对自己的思维有一个判断：是那种比较浅层但很机智的思维方式，还是慢一点的但能深入的思维习惯，还是介于二者中间？我们学习的时候，一定要把别人的优点纳入自己整体的基本属性当中，不能改变自己的基本属性，不能扭曲了自己的属性去迎合别人的模式。

第一，如果这种学习是与自己的天性一致的，那么在吸收了别人的优点之后，你的课上起来应该是很自然的，不是别扭的。上课有自然和别扭这两种感受，我相信每个老师都对此有所体会，如果要扭曲自己的天性去迎合某种教学观、某种人、某种看法，就会很别扭。天性是一种与生俱来的、根深蒂固的东西，很难改变，因此我们要分辨出哪些是可以改变的，哪些是深入骨髓的东西，是不能改变的。像我和袁腾飞之间的差别，我觉得是不可改变的，我永远做不到像他那样，上课的时候滔滔不绝，还能够灵光一闪说出很多幽默的比喻。哪怕我天天练绕口令，可能也不成。但是我可以从他的课堂当中发现幽默的重要作用，我便在自己天性的基础上面最大限度地多容纳一些幽默，但是不改变我的基本属性。

第二，与自己天性相合的教育方式，做起来当然就会游刃有余。比如，我们有的老师擅长动手，拆一个东西，装一个东西，他都很擅长，但是讲说就不行。教理科的老师就可以把这个特长发扬光大，你可以设计很多的实验，你可以少说多做，比如，在课堂上给学生布置一个任务，然后咱们就开始动手。你一样会成为学生非常佩服的那种老师。既然动手能力很强，就朝这个方向去发展，让它成为自己的品牌标志。

反过来，如果你动手能力不强，但是你很有见解，知道这个事情应该怎么去做，那就可以扬长避短，走不同的方向。自己的每一个特点，我们在年轻的时候都要追求把它做到极致，也许我永远达不到，但是我一定要追求极致。有句话叫作“欲取其中，必求其上；欲取其上，必求其上上”（出处待考，据说出自《孙子兵法》，但我没有找到原文，可能又是一个“伪造”的名言。作为历史老师，我对此很敏感），如果你的追求只是“中”，那实际上你能够得到的可能是“中下”。所以我们主观上要把自己的特点尽可能推到极致，要朝那个方向走。学生喜欢的就是那种有特色的老师。

二

我们每个人的特点是不一样的，我们老师经常向别人学习，都希望能够博采众家之所长为自己所用，然而，我们又很悲哀地发现一个现实——我们能够学到的往往只是皮毛，别人身上那些精华的部分，有的时候是学不过来的，因为人家真正好的东西可能与你的天性不一致。比如说，有的人口才特别好，他在现场很机智，能够极大地调动现场的氛围，让现场活跃起来，让大家的注意力集中在他身上。那么这种老师在讲课的时候，充分发挥自己的特点，把自己的精彩见解、夸张的词汇、令人捧腹的比喻发挥得淋漓尽致，让学生觉得“听君一席话，胜读十年书”，让学生在听的时候，能够屏住呼吸，静悄悄地听，生怕听漏了一个字。这种课是不是好课？我个人认为这种课也是好课，是非常好的课。

评价课堂不能够以老师讲话在整个课堂中所占的比例为标准，超过了20%的比例，是不是老师这堂课就是一言堂了？这个课就不好了？不见得。如果老师能够呈现出很精彩的见解，能够让学生有非常大的收获，他是讲了45分钟，还是1分钟都没讲，这都不是问题，重要的是学生得到了什么，收获有多大，我觉得这才是评价一堂课是不是好课的根本标准。

如果我们自身不是那种能够即兴产生很多灵感火花的老师，那就没有必要一定要去模仿别人。如果我口才不是特别好，但是我是一个扎扎实实做事的人，是一个比较喜欢读书的人，那我就可以用另外的方式，用与自己天性一致的、让自己觉得自然的一种方式去上课。

比如，可以在课堂上少讲一点，但尽可能把课堂学习策划得高效、精彩，让能讲的学生多讲，自己就少讲一些，同样也能够达到构建高效课堂的目的。所以，我觉得每个人要根据自己的特点，尽可能把那些与自己天性能够结合起来的东西学过来，与自己天性相违背的东西再好，也只能够作为一个参考。只有采取与自己天性一致的教学方式，才能够发挥出自己的强项。各种各样的课堂，只要是好课都有魅力：一言堂的课堂有它的魅力，讨论式的课堂有它的魅力，活动式的课堂也有它的魅力。这就好像菜一样，不管是川菜、鲁菜，还是粤菜，其实只要做得好，都好吃。只有采取与自己天性一致的教学方式，才能够把自己的特点发挥到极致，而把自己的特点发挥到极致了，才可能会是一位非常有魅力的老师，学生才会喜欢。综上，我觉得要上好课，要对自己的天性和特点进行一下评估，然后在学习别人好的教学方式和教育思想的时候，要尽可能学习其中能够与自己的天性和谐共生的东西。

好老师要关注学术前沿

要在每节课中都给学生带来惊喜，我觉得老师特别需要有广阔的知识背景和深厚的学术素养，这也是我努力的方向。只有这样，老师的课堂才可能为学生打开更广阔的学术视野。我们老师不能就教材教教材，我们必须把视野放到教材、教参甚至放在历史话题以外，我们还要把相当一部分注意力放在历史以及相关学科的学术前沿上，只有关注了这些学术前沿，我们的思想才能够高度来俯瞰教材。如果没有开阔的学术视野，我们看教材就是仰视的，就是在“跪着教书”。跪着教书，怎么可能让学生喜欢呢？对教材有那么一种居高临下的俯视态度，我们才有可能游刃有余，学生才有可能感受到这种游刃有余，进而才会喜欢课堂。所以，拓展学术视野对我们的课堂教学是非常有帮助的。

对此，我有切身体会。20世纪80年代，我还在读大学，在一本期刊上看到了一篇文章，是关于新文化运动的评论。当时这篇文章给我极大的震撼，所以我的印象很深。过去我们在评价新文化运动的时候，往往会认为它全盘否定传统文化，是历史虚无主义。然而，在那篇学术研究文章当中，作者呈现出了一个全新的观点，就是新文化运动的领导者比如胡适，他之所以主张全盘西化，并不是因为他真的想全盘西化——事实上他是一个很传统的人，他遵从母亲的意愿，娶了一个没有文化的妻子。那么他为什么要提出全盘西化呢？实际上是因为中国的传统根深蒂固，很难改变和冲破，就像一个坚固的堡垒一样，我们必须拼命地走极端，然后才可能达到折中、调和的目的。如果一开始就比较折中，最后可能什么都改变不了。鲁迅也讲过类似的道理，中国人就好像被束缚在封建的铁屋子里面，没有窗户，如果有一个人提出要开一扇窗户，让阳光和空气进来，大家就会反对，他就达不到开窗户的目的。但如果他说要把屋顶掀掉，让阳光和空气彻底地进到房子里面，那么大家伙儿就会劝他别这样、别这样，咱们开一扇窗户吧！于是才能够达到开窗户的目的。这篇文章太有侵略性了，看完之后我感触颇多，留给我的印象很深，对我的思想影响很大。十几年之后，我在参加市级优质课比赛的时候，抽签抽到的题目恰好就是新文化运动。于是，我便把这个学术上的成果引进到了讲课的过程中，结果成了特色，被评为一等奖。后来我听教研员说，评一等奖的理由就是因为思想性很强。其实，我只是充当了一个思想的二道贩子而已，这并非我的原创，是我从学术文章中看到的一个观点，然后用在了我的课堂当中。但却成了一个特色，因为它跟教材是不一样的；不仅仅是不一样，而且这个看法是教材中所忽略了的，因此听课的老师觉得很受启发。这就是我的一次关注学术前沿并让自己的课堂受惠的经历。

至于在平常的教学当中，由于关注学术、了解学术的前沿，因此在课堂中能游刃有余地上课，和学生进行良性互动，这样的例子就太多了。说实话，这种开放式、讨论式的课堂，不预设前提，不设置思想禁区，完全平等对话的课堂，特别需要老师有深厚的学养，因为你不知道课堂上会发生什么，你不知道学生会回答什么。当学生跟你对话了之后，你必须在最短的时间内进行处理，做出一个非常合理的反应和积极的引导，这全靠平时的积累。所以我们老师要关注学术，关注思想，不然的话，课堂就不敢开放。我曾经听一位小学语文老师说："我尝试过让课堂开放起来，结果上一次课我就哭了，因为学生七嘴八舌提出的问题，把我逼得根本就接不上话！"这是我亲耳听见的她自己尝试开放课堂的感受，所以我感觉开放课堂对老师而言，是需要勇气的，需要比较深厚的积累。所以要给学生带来惊喜，就必须读足够多的书，要多思考。

教师要始终站在自己所属学科的学术最前沿，永远不要把自己当作一个中学教师，而是要把自己当作这个学科的一个学者。我们这个学科最新的成果是什么，要在第一时间去读、去了解。比如，你是教物理的，力学的最前沿在哪里，光学的最前沿在哪里，要了解这个最前沿，当然并不是说要把这个最前沿的东西教给学生，但是要在最前沿这个背景下审视自己的课堂。教师有了这个背景，了解自己的学科领域最前沿的知识是什么，在备课的时候就会不一样。这个最前沿的知识就好像一个探照灯，既能够照亮你面前一大片领域，也能够照亮某一个局部，这个局部一旦有一个灯照着，那么教师教这个局部的时候可能会更加精准，还能够让学生借助这个探照灯看得更清晰。我相信教数理化的教师在这方面可能体会更深。

好课堂要跨界

2005年，我去昆明上了一堂语文公开课，因为此前我写的文章大都是和语文相关的，文章大都发表在《中学语文教学》上，我交的朋友也基本上都是语文老师。因为语文的空间比历史的空间大，历史的空间比政治的空间大，我喜欢更大的空间。上了哪一课呢？《一碗阳春面》。这是一篇很有感染力的文章，这篇文章我知道其他老师大概会怎么上，大概从人性、感动这个点入手去挖掘。这是绝大多数语文老师的角度，我当时不是这样讲的，我是从武士道的精神来挖掘这个文本，这就不是一般语文老师的讲课范畴了。

日本是一个崇尚武士道文化的国家，尽管“二战”结束以后武士道作为军事方面的一种思想、一种意识形态被铲除了，但是就像儒家思想一样，那种传统的东西还会在和平年代以另外一种形式存在于人们的身上，比如说，武士道精神里面的忍耐。武士道精神还讲究智、忠、勇，这是武士的信条。

这篇文章中有一个细节，能够看到武士道的影子。母子三人去吃阳春面的时候，那个老板娘看他们很可怜，就告诉丈夫，说给他们下三碗面，但是收一碗面的钱。但是丈夫不同意，他说给他们下一碗面，但是这一碗面比正常的一碗面量多。他为什么不下三碗面，而是下一碗面？很多人认为，掌柜是为了不伤害母子三人的自尊心。这肯定是一个方面，但是这个解释还不够。为什么呢？因为武士道精神里面很突出的一点就是施恩不是美德，报恩才是美德，你给别人恩惠不值得提倡，你要报答别人的恩惠才值得提倡。过去的武士若感觉到自己怎么也报答不了恩惠，甚至还会以死相报，剖腹自杀。这个叫作恩腹，是为了报恩而剖腹。过去的武士有许多类似的做法，比如，为了悼念自己的主人，主人死了他殉葬，这叫追腹，追随主人而去。如果我对某个人做了一件错事，极大地伤害了他，我感觉难辞其咎，做什么都无法挽回，因此剖腹，这叫什么？这叫罪腹。日本人有很多讲究，他们很重视报恩。报恩在日本人的意识当中很重要，成了压在每个日本人身上的一座山。

路见不平、拔刀相助是我们中国人的传统，但日本武士不提倡这个。为什么他不提倡拔刀相助？他觉得要是他拔刀相助了，就会给你造成困扰，会加重你的心理负担，甚至有可能让你自杀。要是他帮你的忙特别大，你又报答不了他，你可能就会自杀，所以他不轻易帮你，除非你提出请求。所以，日本的武士道时代是没有侠客的。

日本作家夏目漱石的《哥儿》中写道，主人公在一个农村做老师的时候，一开始有一个老师主动和他接近，他觉得这个老师蛮好的。有一次，这个老师和他出去就请他喝了一杯5分钱的冰水，于是他就耿耿于怀，想还掉这个老师的情义，但是一直没机会。但是，慢慢地他又发现这个老师很不地道，大家很看不惯，他很想说，但是又考虑到他自己接受了这个老师5分钱的恩惠，他就不好说。他就忍啊，忍啊，有一天，实在忍不住了，就主动找到这个老师说："今天我们出去一趟吧，我请你吃饭。"那个老师感觉莫名其妙，问他："你为什么请我吃饭？"他就说"先去吃饭吧"。吃完饭之后，他就开始骂这位老师。在没有吃完饭报答这个恩情之前，他一句话都说不出口，因为他觉得欠对方的，他这种负债感远远超出我们中国人的想象。在《一碗阳春面》中，这个掌柜觉得，如果给母子三人三碗面而只收一碗面的钱，可能会给他们造成很大的困扰，母子三人晚上可能睡不着觉。为了不打扰他们，他用了一种隐秘的方式来帮助他们，其实是基于日本传统的武士道文化对情义的理解。

因为我是一个历史老师，我读过《武士道》以及《菊与刀》，所以我能够从这个角度切入。课文里面有好多的细节，其实都是在武士道文化背景下体现的日本人的日常行为规范。以这样的方式来解读文本，让有的语文老师感到很意外。我告诉他们，上语文课是我的业余爱好。所以，学科界限被打破之后，上课的时候老师可以纵横捭阖，很容易找到一个可以给学生惊喜的地方。我和一些理科老师也聊过数学、物理等学科，我们都有一个感觉，就是真的要把某个学科教好，老师不要太拘泥于学科，有的时候从数学的角度学物理，有的时候从物理的角度去研究数学。学科界限学校可以有，但是作为老师，我们在阅读和思考的时候不要有界限。如果我是学理科的，我就会有一个大理科的思想，数学、物理，该用什么就用什么，都了解，可能会对自己所教的某一学科更有帮助。

如何设计出好问题

好的问题是一堂课成功的关键，好问题能够极大地激发学生的好奇心，使课堂真正地走进学生的内心。没有好的问题，就等于让一个没有食欲的人吃饭，你觉得你所提供的食物很精美，但是人家压根没食欲，食物再精美，对人家来说都是负担。老师只有提出了一个好的问题，让学生感到饥渴了，然后再给他“精美的食物”，他才会激动，进而感谢你。所以，好问题是激发学生好奇心和饥渴感的关键。那么，如何设计出好问题呢？

一、善于抓住有价值的信息

我们在上课的时候，要善于抓住学生发言当中那些有价值的信息，将它扩散，引向深入，让课堂当中的思维含量、知识的信息量成倍地提升，从而让学生能够更多地受益。怎么才能够做到善于抓住有价值的信息呢？我觉得，老师要有一颗善于挑事的心，我们不一定要用那种很规范的、很正式的语言来开启话题，我们可以采用电视节目主持人常用的方式来主持课堂。好的老师与其说是在上课，不如说是在主持课堂，是在扮演一个主持人的角色。主持人这个角色是做什么的呢？他要让嘉宾尽可能围绕着既定的话题来谈他们的想法，尽可能激发嘉宾们说话的兴趣，拓展嘉宾们说话的深度。当嘉宾谈话旁逸斜出的时候，主持人还要把话题给拽回来。这不正是我们老师在课堂上要做的事情吗？

我从电视节目主持人身上学到了很多，我觉得老师一定要认真看看主持类的节目，看他们怎么让大家坐在一块儿谈话、聊天。你会发现这些主持人非常高明，很多人不动声色就把嘉宾的说话兴趣给调动起来了，然后又很自然地借一个契机，把话题转向了他想要完成的那个方向，同时又不让嘉宾感觉别扭、拘束，还能够不时地调节气氛，抛出一些幽默的段子等。我觉得现在的老师，一定要多从中学习，不然的话会被淘汰。

对教师的传统定位到现在已经基本过时，教师已经不再是掌握真理的传道、授业、解惑者，而只是策划学习的主持人。从教师的这个定位来看，要让我们的课堂生动起来，要让学生活跃起来，我们可以寻求一些办法。比如，我们可以搞调查，请认为美国独立战争是一场正义战争的同学举一次手，认为美国独立战争是背叛战争的同学也举一次手；请认为鸦片战争有利于中国社会进步的同学举手，认为鸦片战争阻碍了中国社会发展的同学也举手——就是针对这样有冲突的观点做一个调查。举手的学生下意识地就会思考自己为什么同意这个观点，就会产生一种潜在的压力——我要去证明自己的观点。我们可以给他们一点时间，让他们分成两组讨论一下，然后分享大家的看法，这样就容易形成发言比较积极的情况。

二、多给学生表达的机会

其实，学生在课堂上很多时候是不喜欢听老师讲很多的，他们在听课的过程中常常会有一些想法，很想当场表达出来。然而，在课堂上，我们老师往往没有注意到这一点，没有给他们机会。其实，我们当学生的时候也有这样的体会，觉得老师讲到某个地方时，自己特想说一句话，但是老师不给机会，心里就觉得特别遗憾。所以，我们一定要尽可能多给学生创造说话的机会。怎么创造机会呢？我在看主持类的节目时，常常会看到这样一种情况——在一位嘉宾说完后，主持人转头问其他嘉宾："您觉得他的观点怎么样？"这就是一种"踢皮球"的做法。所以，一个学生回答了问题之后，我们老师不一定要马上回应，马上针对这个学生的答案谈自己的看法，我们完全也可以"踢皮球"——问问其他的同学："A同学的观点你们同意吗？""A同学的观点你们有补充吗？说说你的理由。"当你这样顺势一转、皮球一踢，那些想说话的学生就有机会说话了。如果我们不这样做，直接就对A同学的观点进行点评，并说出自己的观点，然后这个话题就结束了，那些想说话的或者有疑问的学生就自然不想说了。虽然这些做法都是一些小技巧，但是我觉得这些招数很简单，很实用，也很重要。

三、多多追问，引向深入

在课堂上学生讨论的时候，有时观点是不对称的，一方支持观点的论据特别充实，另一方支持观点的论据不那么充实；或支持某一观点的人数特别多，支持另一观点的人数比较少。这样就不容易形成讨论，因为力量对比太悬殊了！明显某一方更占优势的时候，就需要我们老师为弱势的一方提供一些帮助，给他们提供一些论据，或者给他们指一些路径，让他们为自己的观点找新的"弹药"，让他们更强大一点，从而能够跟另外一方抗衡。

我们常常会面临这样一种情况：学生回答了一个问题，答案基本上是正确的，但是还不够给力，还没有挠到那个最痒的地方。这个时候，我们老师有两种选择，第一种选择就是老师接过话题，对它进行延伸和发挥，把这个最痒的地方给挠到。这是常用的方法，但不是最好的选择，最好的选择应该是，当学生还没挠到最痒的地方时，老师可以再追问一下，让学生自己去发现那个更深刻的道理。

比如，我曾和学生讨论过，鸦片战争为什么会输掉呢？学生的回答是，因为中国的武器装备很落后。答案对不对呢？有道理，但是不全对。那我们可以去追问，为什么中国的武器装备落后呢？学生思考之后回答，因为中国没有先进的工厂，而英国有。那我们还可以再追问，为什么英国有这个工厂，中国就没有这样的工厂呢？问到此处，这个问题就有一定难度了，学生再想一想或者讨论一下，会结合英国的工业革命来回答，英国发生了工业革命，所以它有机器大生产，中国是一个农业社会，所以没有。那我们还可以再追问，为什么工业革命不能在中国发生，却能在英国发生呢？这个问题就很深刻了，要回答这个问题，需要分析中国传统文化的深层结构中的一些弊病。比如，中国的传统文化最重视什么？我们重视的是伦理、道德，不重视实证，不重视逻辑，自古以来就是这样。从孔子开始，《论语》里面讲了很多的道理及道德准则，至于为什么这些准则会成立，为什么要这样去做，这么做的合理性在哪里，这样去做有什么影响，是需要自己去悟的，悟不出来，那就是“孺子不可教”也。但是西方的传统文化是什么特点？是要实证，要论证，重视逻辑，只有重视逻辑才可能产生实验科学，只有有了科学才可能有工业革命，所以英国的发展路径跟我们不一样。

让学生的看法达到这个深度，是很难的，但是我们可以通过追问把这个问题引向深入之后，再进行讨论，大家分享彼此的见解，最后能够深入到中国传统文化的弱点和西方传统文化当中促进工业革命的那些有利的基因，那我们这堂课就远远超越了鸦片战争给我们带来了什么经验和教训这样的层面，不再只是就事论事，而是让这个话题直线式地深入。这一点对培养学生的思维能力和思维习惯是很重要的。最擅长使用追问这种方法的一位老师是古希腊的苏格拉底，他把自己的这一套教育方式叫作精神助产术。苏格拉底认为，在不断的追问过程中，学生逐渐地逼迫自己去思考，才能明白道理。所以苏格拉底说："这些道理都是你自己知道的，不是我告诉你的。"

如果我们在课堂上善于发挥这种穷追猛打、层层追问的精神，课堂的思想密度就会很大，一个问题刚回答了，马上又来一个问题，而且环环相扣，问题和问题之间是有关联的。有的时候，这种课堂会让老师和学生都觉得比较解渴，妙趣无穷。我们在学历史的时候，常常会出现这样的情况：假如说历史的长度是100个单位，要想了解的话，是需要走100个单位的，然而我们的课堂常常是只走到了5或10个单位的时候就停下来了。而人天生就有一种好奇心，想要追本溯源，如果我们在课堂当中给学生创造这样的环境，即使这堂课与预设的教学目标、教学任务已经不那么一致了，甚至预定的教学任务可能完成不了，也没有什么可遗憾的，因为现场生成的这些具有思维含量的思想火花，对学生精神的成长所起的作用远远超过按部就班完成教学任务的效果。所以好的课堂往往具有不确定性、模糊性，而不是起承转合都非常严谨，哪个地方停顿、哪个地方提问、哪个地方做一个什么表情都事先精确地预设好了，那种课堂是表演，是老师自我展示的舞台，是对学生的不尊重。

什么样的问题才是好问题

好的问题是课堂成功的关键，那什么样的问题才是好的问题？我认为，好的问题有以下几个特点。

一、好的问题具有挑战性

例如，我们在讨论对鸦片战争的评价及其影响的时候，如果我们设计这样的问题：鸦片战争对中国近代史究竟产生了什么影响？学生可能会想："我凭什么要去评价鸦片战争啊？鸦片战争关我什么事啊？"但是如果我们换一种问法，也许学生就不会这样想了，会跟着你去思考。比如，我们也许可以这样来提问：关于鸦片战争有两种观点。第一种观点认为，鸦片战争之后，中国不断地割地赔款，国势渐弱，藩属国也相继失去，最后差一点被列强瓜分，同时大规模的内乱相继爆发，所以鸦片战争是中国近代悲剧的开始。第二种观点认为，正如马克思曾讲过的那样，在英国的武力面前，清王朝倒下了，成为了碎片，天朝永恒的迷信破碎了，与文明世界隔绝的野蛮和密封被侵犯了，而开放则达成了。对古老的中国而言，开放是取得社会进步的唯一途径，哪里有开放，哪里就有发展和繁荣，凡是被开放为通商口岸的城市，都成为了发达的地方。事实上，英国人的枪炮声，不是给中国敲响了丧钟，而是中国改革开放的集结号，所以鸦片战争在客观上促进了中国的进步。它不是悲剧的开始，而是走向光明的起点。此时再问学生们同意哪个观点，理由是什么。如果我们这样来问鸦片战争的影响和人们对鸦片战争的看法，学生就会感到纠结：第一个观点好像很有道理，第二个观点也不错啊！然后他们就会被带到我们希望进入的情境当中。这种提问是非常有讲究的，好的问题一定是具有冲突性的，能够让学生感觉到无法轻易地做出明确的判断，在这种情形下，他们就会倾向于深入地去挖掘、了解，这样一来，课堂气氛就容易活跃。

对于不喜欢历史的学生，如果我只是给他提一个问题，比如，“我们这节课学美国独立战争，大家预习一下，看一下书，想想如何评价华盛顿”，学生是不会去做的。但是如果我们换一个角度说华盛顿：“美国的教科书和中国的教科书认为华盛顿是伟人，是杰出的政治家，而英国的教科书把华盛顿看作叛军的首领，把美国的独立看成分裂。你觉得哪一种观点是对的？”然后再给学生材料，这时学生就有好奇心了，因为有冲突在那里。好的问题是有冲突的，让他感觉到左也不是，右也不是，左边有道理，貌似右边也有道理，这就是好问题。这样的话，学生就会有兴趣来关注和思考，面对老师给他布置的任务，也容易高质量地完成。

二、好的问题自然地包含基础知识

好的问题要尽可能自然地包含基础知识。我们在课堂上常常为了复习基础知识而提问，这种问题太多了，比如，“‘五四运动’的伟大历史意义是什么？”课本上列举了好几个点，老师提这样一个问题，学生就会把那几个点记下来，考试的时候把它们答上去。就基础知识提出问题、展开问题，学生真的没有动力来回答这些问题。只有那些学习习惯特别好的学生，会照顾老师的情绪，会服从老师的要求。于是我们就会得出一个结论：同样是一个老师教的学生，有些学生就是好，能够认真完成作业，回答老师的问题；有些学生就是懒，不愿思考老师的问题。这样就把责任推卸给了学生，其实这是不公平的。学生有学生的责任，但是有一部分责任是我们老师的。老师提出来的问题没有能够调动学生去学习基础知识。

如果我们换一种方式，是不是会更好呢？比如，讲“二战”的时候，想要让学生了解“二战”的发展进程，“二战”期间都有哪些重大历史事件。如果我们换一种布置作业的方式，比如，选择几个“二战”人物（究竟是哪些历史人物，老师可以根据实际情况来定），给他们每人写一篇墓志铭，其中必须要有人物生平、典型特点，以及对人物的评价。换句话说，要求学生达到的目标是，别人一看这篇墓志铭就知道这个人是谁。而且这篇墓志铭的语言风格，可以是严肃的、庄重的，也可以是诙谐的、搞笑的。假设要给蒋介石写一篇墓志铭，那学生就要去了解蒋介石一生都干了哪些事情。在墓志铭中还要对主要事件进行点评，这其实是需要深入地学习和了解相关历史的，只有深入探究之后，学生才能够言简意赅、非常准确地完成这篇墓志铭。这样一来，很多基础知识，自然地就包含在完成这个任务的活动过程之中了。所以，不是没有办法调动学生的积极性，而是有的时候我们老师在这个方面想得不够。

我之所以有用任务、活动来驱动学生去学习和了解基础知识的这个想法，也是受到了别人的启发。有一次，我在美国看到一份中学生的物理作业，作业要求学生分成若干小组，以小组为单位来合力制作一个能够发射到空中至少50米以上的水火箭。学生要做好这个工作就必须了解相关的空气动力学知识及其他一些知识。不然的话，学生做出来的火箭可能就升不了空。在这种任务的驱动下去学习基础知识，学生不但感兴趣，而且能够将这些基础知识真正地落实，印象会非常深刻。为什么我们的历史课不可以这样呢？我们常规的历史课中的问题大多是很呆板的，直接冲着基础知识去提问，导致学生毫无探究的兴趣，所以我想我们课堂提问应该避免这种直接的提问，尽可能地用任务、活动或者冲突的情境和话题来激发学生去学习基础知识的兴趣。

三、好的问题具有延续性

我们在备课的时候，要设想一个问题提出之后，学生可能会怎么回答，对不同的答案，我们应该怎么去引导，从而让学生对问题的理解能够直线地深入。在备课过程中，悉心准备如何提出问题、如何引导学生是要花很多精力的，但是在这个方面花精力性价比是最高的，因为这样提出来的问题质量高，课堂气氛很容易活跃起来，教学自然就很容易发生。

2013年，我去美国一些学校参访，在德克萨斯州的一所学校，我问他们的教研组是怎么开展教研活动的。他们告诉我，教研活动主要就是老师聚在一块儿来备这一课提什么样的问题，以及为了支撑这个问题要提供哪些史料给学生。如果老师只提出问题，而学生却没有掌握一定的史料，就相当于没有给他们搭建一定的台阶，学生是够不着那个问题的；如果老师提供的史料还不够充实，学生的理解也不会深入，所以老师要提供适当的史料，让学生能够跳起来够得着那个问题，这才是好问题，这就需要大家在一块儿来切磋琢磨。

我深受启发，意识到解决了怎么提问以及要提供哪些支撑这个问题的材料这两个问题，课堂的质量就会有保障了。即使是不同的老师来上课，只要我们按照这样的问题、材料和流程来进行，那么课堂是相差不大的。当然，好的老师可能效果会更好一些，但是不会再像以前一样有天壤之别：某个老师上的课让学生收获很大，学生的收获是正数；另一个老师上的课，学生的收获是负数，这是不可能的。所以，我觉得我们的历史教研组应该把更多的精力放在问题的设置和史料的挖掘和提供上面。

好的问题还要有好的铺垫

可能你提一个问题，其他老师也会提这个问题，但是怎么来给材料，怎么来铺垫，让学生的讨论热烈起来，这就是由老师的个体能力差异造成的不同。

一

2011年，我在江苏无锡讲了一堂公开课，讲第二次鸦片战争，这堂课比较失败。我在我们学校讲过，效果很好，我觉得我的亮点，或者我要给学生的惊喜就是对于不平等条约要不要遵守的讨论。因为造成第二次鸦片战争的一个重要原因是，清政府没有遵守《南京条约》中关于开放广州的约定，拒绝对英国开放广州，然后英国人想要进城，双方就打起来了。那么，我们拒绝他进城，对还是不对？开放广州是条约里面约定的，但是这个条约又是被迫签订的，被迫签订的条约要不要讲诚信？我想让学生讨论这个问题，这个问题是容易产生碰撞的，然后我给了他们材料，给了曾国藩对这个问题的看法，给了薛福成、郭嵩焘的相关言论，这些是我们平时很少接触到的史料，涉及第二次鸦片战争、诚信等问题，我觉得学生读了之后应该讨论会比较热烈，但是那天的课讨论很费劲，我老得去拽他们，还拽不动。好的课堂是轻松的，你只需要点拨一下，学生就像发动机一样转起来了，为什么那堂课学生没动起来呢？

后来，我发现我的“铺平”和“垫稳”这两个工作没做好。说相声讲究的是包袱抖得响，而要做到这一点，垫话必须充分，用相声术语来说，就是“铺得平，垫得稳”。同理，课堂要精彩，也必须“铺得平，垫得稳”。我给的材料是文言文，学生读不懂，曾国藩说的什么意思他都不明白，这怎么讨论？这就是我当时备课的时候没有考虑到的，说明我对学情的估计不足，从而导致那个课上得很生很涩。最后，我只有把这个材料翻译一遍，学生才明白，这就占了很多时间，学生讨论的时间就不够了，讨论就不充分。讨论要充分，必须要思考得比较深入，要给他们时间，才能碰撞出很多火花。

后来，我在湖南常德师范学校上了一堂公开课，还是讲这个内容，我吸取教训，把现代文的翻译附在了材料原文后面，当时我交代学生，读得懂古汉语的读古汉语，读不懂的就直接读现代汉语。那节课上得比较顺畅。因为，铺垫工作做得较好。

二

又有一次，我应邀去北京一所小学给四年级的学生上语文课，题目是《子鱼论战》，这篇文言文出自《左传》。对小学四年级的学生来说，文言文难度大，他们几乎没有接触过文言文。一个高中老师给小学四年级的学生讲文言文，这是一个不小的挑战。上课之前，带班的纪老师很担心，她给我发了一条短信：“魏老师，我刚才看了《子鱼论战》，根据我对小孩的了解，光理解就得花很长时间，要不要早晨印了文章先让他们理解一下？”我的回复是：“不用。”为什么这么有底气呢？因为我对自己设计的铺垫有信心，我当然知道小学四年级的孩子面对古文时的文字障碍。

那天上课时，我做了两层铺垫。我一上课先跟学生聊当时的热点话题——巴黎恐怖袭击，以此来进行第一层思考的预热。通过学生熟知的事件来吸引学生的注意力，让他们以为这是聊天而忘掉自己在上课。然后，得出“恐怖主义之所以被全世界反对，是因为他们破坏了人类道德底线，他们的战争不讲规则”这样一个看法。之后，再导入“与恐怖主义相对的另一类战争，非常讲规则的、中国春秋时期的一些战争”，将“军礼不伐丧”和“子鱼论战”两个事件用讲故事的方式呈现，前者略讲，后者详讲，从而牢牢抓住学生的注意力。学生永远对故事感兴趣，尤其是打仗的故事。

用讲故事的方式，进一步实现了思考的预热，并达到了通过故事让学生熟悉《子鱼论战》这篇古文内容的目的。有了这两层铺垫，再把文言文呈现出来，学生很轻易地就突破了文字阅读障碍，所有的文言文文字，学生均能够逐字逐句地翻译出来，或者应该叫作猜出来，让我都有些意外。连蒙带猜，是小孩子学习语文的高效方式，也是小孩子喜欢的方式，这让他们拥有一种类似猜谜的乐趣和成就感。

由于很容易地突破了文本阅读障碍，所以，学生将注意力放在了思考问题和提出问题上面。有学生提出了高质量问题——为什么那时的中国人讲规则，而现在中国人不怎么讲规则？引起了热议，我则提出了“宋襄公究竟是愚蠢还是高尚？”的问题，将讨论进一步深化。

实践证明，只要铺垫得当，小学生也能够思考有关人生和社会的具有深度的问题，至少可以启动他们对这类问题的深度思考。总之，只有好的文本或材料，只有好的问题，不一定就能够上出好课。铺得平，垫得稳，是不可或缺的课堂技术。怎么铺垫，很难用一句话来总结，教师必须在教学实践中不断摸索。

设问的技巧

怎么才能提出好的问题呢？我个人有一些体会。

一、假设历史

对于假设历史很多人会产生质疑，因为社会上有一种流行的见解："历史怎么能假设呢？事情都没有发生，讨论的这个问题是一个伪问题，没有意义！"我要对这个流行的见解说"不"。假设历史非常有意义，非常有必要。为什么？因为历史学习和历史教育有一个很重要的功能，就是要培养学生的演绎推理能力，增强学生的预见性和历史洞察力，不是就知识讲知识，就事件了解事件，而是要培养学生的能力，这才能够达到历史教学的目的。怎么才能培养学生的预见性和洞察力呢？一个常用的办法就是假设，因为只有进行假设，才能够培养学生有理性的想象能力和有逻辑的推理能力及预见能力。学习历史恰恰需要我们具有一种理性的想象，这不是文学的想象，是一种建立在逻辑基础上的想象。

在教学实践中，如果我们适当做一些假设的话，也能收到很好的效果。比如，讲西安事变的时候，我曾经这样假设：如果没有发生西安事变，中国的历史会怎么样？提出这个问题之后，我的学生给出了很多答案。学生层层推理，步步为营，在课堂上精彩演绎了中国近现代一段波澜壮阔的历史。这些环环相扣的推理显示出学生极强的逻辑思维能力，这是非常符合历史课教学的要求和目标的。

还是以西安事变为例来假设，如果周恩来无法处理西安事变，那么中国共产党内谁去处理最合适呢？学生要回答这个问题，就必须要了解中共党内的领导人的特点和经历，那不也等于去学了历史了吗？又如，讲鸦片战争的时候，我们来假设一下，假如林则徐没有被罢官，中国会获得胜利吗？因为有一种看法是，中国的鸦片战争输就输在奸臣当道，皇帝昏庸，如果林则徐继续主持大局，中国就会获得胜利。果真如此吗？要回答这个问题学生就应该了解当时中国和英国的力量对比，因为实力才是硬道理。因此，很多问题如果我们假设之后再来思考，其实可以洞悉历史发展的规律。运用假设犹如“一石激起千层浪”，课堂对学生来说就有冲击力了，就能激发学生的学习兴趣，让学生深入思考了。至于这个假设的结果怎么样，那并不重要，因为我们追求的不是学生做出了一个什么成果，而是他们在假设的前提下，进行缜密的思考、环环相扣的论证，有说服力地表达出自己的见解，提出让人觉得比较合理的看法。如果学生能做到这一点，那么我们的假设就是有价值的，因为学生已经养成了一种历史的思维习惯，这正是我们追求的最终目标。

二、分类讨论

分类讨论这种方式是从数学学科那里借鉴来的，其实数学当中很多思想都可以被人文学科借鉴，除了分类讨论，还有动态思维、统计思维等，如果借鉴过来，将有助于提升我们的批判性思维。例如，一说到历史上曾经签订的不平等条约，大家都很气愤，因为我们已经形成了一个比较一致的看法，认为那就是丧权辱国，因而就产生抵触心理，觉得一有机会就应该废除。其实，之所以产生这种想法，就是由于缺乏分类讨论的意识。中国近代史上的一系列不平等条约虽然损害了中国的利益和主权，但是有些条款是利弊参半的，对中国也是有好处的，我们不能一概而论。比如，《南京条约》里规定了割地赔款、开放通商口岸、协定关税等条款，在它的副卷里面，还有领事裁判权、片面最惠国待遇等一系列条款。按照传统的教法，我们会告诉学生，《南京条约》是第一个丧权辱国的不平等条约。实际上真的如此吗？如果我们分类讨论，就会发现开放通商口岸其实对中国也是有好处的。虽然英国人是从自己的利益角度考虑的，是为了打开中国的市场，劫取中国人的财富，但是，财富被掠夺的同时，中国人也从英国人那里学到了先进的技术、进步的观念，也开始以英国为镜子来反省自身的不足。通商口岸所起的这些作用，用我们今天的话来说，就是改革的示范点，是改革的窗口，我们怎么能够全盘否定呢？

又比如副卷中的领事裁判权，意思大概是如果英国人和中国人发生了司法纠纷，英国人由英国领事根据英国的法律进行制裁，中国人由中国政府根据中国的法律进行制裁。我们通常认为这是一条损害我国司法主权的条款，因为外国人在中国犯了罪，我们中国的法律却不能制裁，岂不是纵容了外国人胡作非为？中国的主权尊严在哪里？其实，如果我们能跳出那个时代的局限性，进行分类讨论，深入地思考，用历史的眼光来看待问题的话，我们可能会有更加客观、公正的看法。

经过分类讨论，我们会发现英国人提出领事裁判权，不仅有合理性，而且反衬出了中国司法制度的落后和不足。为什么这么说呢？清朝统治时期中国的司法制度是怎样的呢？在电影里我们都能够看到，被告、原告在衙门打官司，在公堂之上下跪，被打板子、上夹棍。在严刑逼供之下，屈打成招更是常见的现象，所以历史上才会有很多冤假错案，屈打成招已经成了那个时代的中国特色。而那个时候，英国的司法体系已经比较成熟了，具备一套完备的证据规则、司法程序，以及与之相适应的法官、律师等。一边是动不动就可能被打板子、上夹棍，一边是相对文明的司法体系，相较之下，是不是反衬出了中国自身司法体系的落后？所以，对这个问题，我们要进行细致的分析，否则，就有可能丧失改革的机遇。因为我们如果不进行细致的分析，把它笼统地归为不平等条约，就会一味地愤怒。可是愤怒有什么用呢？丝毫不能够改变这个条约。我们必须要明白的是，这个条约的确损害了中国的司法主权，只不过主权被损害是事出有因的，我们只有挖掘其根源，意识到我们自身司法体系的不足，才能改变自己落后的地方，才能推动文明的进程。只有与其他国家先进的司法制度接轨，保证法律的公平公正，我们才能够有提出领事裁判权的理由。

可惜，当时我们国家并没有这种思维方式，但是有一个国家是这样看这个问题的，那就是日本。日本在“黑船事件”之后也遭遇了不平等条约——《日美神奈川条约》，条约当中也有领事裁判权的内容。结果日本的第一反应是反省自己的司法体系中的不足，然后逐渐地进行改革，达到与其他国家尽可能相似的程度，然后在19世纪末，废除了领事裁判权。这个例子表明，思维方式对一个国家的历史进程的影响有多么大。如果我们不进行精确地分类来讨论、看待近代史，只笼统地从爱国的立场带着愤怒的情绪来看待问题的话，只会让屈辱延续下去，而不是让我们迅速地爬起来、强大起来。因此，我们在课堂中，基于激发学生讨论兴趣的需要，同时也是出于对国家、民族未来的思考，要对中国历史或者世界历史中的很多问题进行精确地分类讨论。如果我们的学生将来走上社会后，不是理性的、逻辑思考能力很强的人，而是勒庞所说的“乌合之众”，没有自己独立的见解，中国的未来就会更加坎坷。从这个角度来说，分类讨论也是很有必要的。

三、正反对照

我们在课堂上对同一件事情可以提出完全相反的两种看法，而这两种看法都能从各自的角度提出自己成立的理由，然后让学生就这个问题发表看法。以太平天国为例，1853年马克思把太平天国称为革命，予以赞扬；1862年他在《中国记事》这篇文章中却把太平天国称为“魔鬼的化身”。为什么马克思的态度前后不一致呢？我们可以把这样的看法呈现给学生，学生也会产生困惑：哪种看法是真实的？哪种看法符合太平天国的真相呢？带着这样的困惑，他们就容易有兴趣和动力去学习和了解太平天国的来龙去脉，也容易就这个问题产生讨论，构成思想上的碰撞。

四、逆向思维

怎么逆向呢？我们历史课本中有很多结论，如果我们把某些结论反过来思考，很多时候会别有洞天。比如，讲1787年美国《美利坚合众国宪法》的时候，课本上有这样的叙述：“1787年宪法没有废除黑人奴隶制，体现了资产阶级的局限性。”如果我们在课堂上，就这个结论反过来问一下学生：“假如1787年宪法规定废除了黑人奴隶制，会有怎样的结果呢？”我们的学生会联想到，1787年制宪会议的首要目标是建立一个联邦制的国家。因为在独立战争之后，美国实际上是一个松散的邦联，所以有些有识之士强烈要求建立一个联邦制的国家，要求有统一的中央政权，这是制宪会议最核心的任务。而要求建立统一中央政权的是些什么人呢？是北方自由州的七个代表和南方蓄奴州的六个代表。北方代表提出了要废除黑人奴隶制的方案，结果南方代表不签字。如果南北两方各执己见，美国就会分裂成两个国家，北方美国和南方美国，而这就违背了华盛顿等人的初衷。所以要建立一个统一的中央政权，他们只能容忍奴隶制这个污点。在课堂上我们运用逆向思维，就不会人云亦云，就不会一味指责1787年宪法的局限性，而是能深刻理解保留黑人奴隶制不是因为资产阶级的局限性，而是一种策略，是当时可以做的唯一的选择。所以，逆向的思维方式，在历史课程当中可以常用，往往会有出其不意的效果。

五、发现教科书中自相矛盾之处

教科书中常常会有一些自相矛盾的地方，我们在课堂上可以鼓励学生去发现教科书中的矛盾。比如，我们不是先让学生直接学习基础知识，而是告诉学生某一章节、某几页有几个矛盾的地方，然后鼓励学生去发现矛盾之处。他们对这个问题就会比较感兴趣，就会乐于寻找矛盾的地方，因为喜欢发现别人的缺点是人性的一个特点。这样做可以达到多重功效，学生必须看得很认真很仔细，否则就看不出矛盾的地方。如果最终学生挑出来了，就会有成就感，对学习历史的兴趣会更浓厚；就算没有挑出来，他们也认真地学习了一遍教科书，为后面的学习奠定了比较好的基础。

比如，在教科书里面，在"'一战'以后中国资本主义的短暂春天"这一章里，有这样一段话："'一战'结束以后，欧洲列强卷土重来，整个民族工业又迅速萧条。"教材认为1918年"一战"以后，中国的民族工业萧条了，原因是欧洲列强卷土重来，这个观点后来在高考的模拟题当中也有体现。但是很奇怪的是，教科书在讲到1927年到1936年的国民政府统治时期，又出现了这样一句话："1927年到1936年，民族工业又得到了较快发展。"那我们就要去思考了，这个时候难道帝国主义退潮了，离开了中国？事实上，并没有发生什么事情让它们离开中国，那为什么这个时候中国民族工业得到较快发展了呢？那"一战"后欧洲列强卷土重来，还是制约中国民族工业发展的最主要的原因吗？发现这个矛盾的地方，就把这个值得思考的问题提了出来，这样，我们的课堂就会生成一些新的东西。事实上，“一战”以后民族工业的凋敝主要不是因为西方列强卷土重来，主要还是自身的原因，是内在原因。以当时最典型的张謇的企业集团为例，张謇的企业集团在“一战”期间发展很快，“一战”以后迅速凋敝。如果我们给学生提供足够多的史料，学生就会发现张謇的企业集团在“一战”以后凋敝的原因。虽然列强的入侵使民族工业的竞争压力增大，但更重要的原因是张謇自己的资金链断裂了，而资金链断裂的一个重要原因，是他扩张得太快了。他的企业集团中不仅有轻纺、教育，还有很多不赚钱的行业，他的摊子铺得太大，最终导致资金链断裂。而与他同一时期的荣氏集团却截然不同，仍然持续发展，这就更加有力地说明了张謇企业集团凋敝的原因，主要不是列强给他造成的障碍，主要还是自己经营的问题。否则，为什么荣氏兄弟能继续存在而且不断发展呢？所以，探究教科书的矛盾之处也是一个能够激发学生想象力、活跃课堂的重要方式。

六、挑战教学法

所谓“挑战教学法”，就是我们还原当时的历史情景，让学生设身处地地进入情境当中，然后模拟当时发生了什么。比如，针对法国大革命，我们可以设置一个活动，这个活动需要学生稍微提前做一点准备，但是一旦他做好了准备，老师几乎可以不用去自己讲法国大革命了。设置一个什么活动呢？就是针对要不要判处路易十六死刑，让学生模拟在国民会议里面进行辩论，让他们加入到两派当中，支持和反对判处死刑的各自寻找自己的证据和理由，进行辩论。如果学生要对路易十六要不要判处死刑这个问题进行辩论，他必须非常深入地了解法国大革命的来龙去脉，以及在这个过程当中路易十六所起的作用。当他把这一切了解清楚之后，老师还用得着去讲这个法国大革命吗？学生了解清楚之后，又在课堂上与大家进行交锋，在唇枪舌剑的过程中，又逼迫学生去反省自己的立场中的不足之处，去挖掘自己储备的那些信息和知识为自己的辩论服务。通过这样一个活动，学习很自然地就完成了。

其实，这样的案例还有很多，比如说，美国独立，有的美国人认为不应该独立，有的美国人认为应该独立。各自有各自的理由，各自的理由都有自己的依据。如果我们尽可能让学生去体验、去参与，而不是很僵化地、机械地去学那些历史当中的知识和教条，学生才能够真正地理解历史，才能够真正地从历史的经验和教训中转化出属于自己内在知识结构的那种素养。

第四辑

怎么上课，学生才喜欢

教育要追求“思”的在场

应试教育跟我的个体存在有着严重的冲突，应试对我而言十分痛苦。早在高中时代，写应试作文就是我的一大痛苦，明明按照内心来写作会遭遇分数上的惩罚，但我还是抑制不住要自然真实地表达。为此，我被老师多次找去谈话。1987年是我的高考年，语文一直是我的强项，预考时作文满分为40分，我得了39分。然而，当年的高考作文题目是“就理论对实践的指导意义这个问题写一篇短文”，本来只需要把政治教科书的观点拿过来作为论点，然后附上一些论据就可以得不错的分数，但这样的写作对我来说像是吞下死苍蝇，实在不能接受。一番思想斗争后，我还是服从了内心，批判了理论为实践做注脚而非指导实践的社会现实，结果，语文分数拖了我的后腿，没能上重本线。

参加工作后，我有18年的时间基本都在应试教育中摸爬滚打，获得了职称破格晋升和特级教师的荣誉称号，有一段时间，我忘掉了痛苦，甚至还有相当的乐趣。真正让我从里面拔出来是当我往回看的时候。1993—2001年（23岁—31岁这段时间），我在四川省隆昌县第七中学工作，这是我对应试工作最投入的八年。那时，我精力旺盛，工作忘我，长期担任高三毕业班的教学工作并担任年级主任，八年教了六届高三。可以说，我把自己最好的年华奉献给了这里。但是，令人匪夷所思的是，2007年，当我再回到那所学校时，看到熟悉的情景却想不起我在那里生活过的多数细节。没有学生，没有同事，没有故事，没有对年华逝去的感慨，更没有饱含热泪的感动，好像从没有在那里真真实实地存在过，顶多是一个过路人。多么没有存在感的八年啊！

我第一次完完全全地理解了什么是存在感。所谓存在感，就是当我们回首过去时，所有的经历就像一帧一帧的画面出现，如果把这些画面剪辑成一部有关个人经历的电影，肯定会有一部分是无足轻重可以剪掉而不至于影响电影质量的，还有一部分是不能剪掉否则会有遗憾的。那么，不能剪掉的部分就是让我们有存在感的部分。所谓存在感，就是“我也曾经活过”的感受和感叹。

以这个标准来看，我的初中、高中和工作后的大多数时期，都是可以被剪掉的胶片。为什么呢？因为我觉得即使那些片段从未发生过，我都不会有遗憾。不能剪掉的是我的大学时代和在重庆工作的部分片段，在这些片段里“我”是在场的，而在可以被剪掉的那些片段中“我”不在场。我突然醒悟到：“我”在或不在，这是一个问题，是一个决定我的人生是否有意义的根本性问题。

那什么时候“我”是在场的呢？我发现，当“思”在场而不是思维在场时，“我”在。“思”是人从生存中自然产生的精神活动，而“思维”是在别人给定的框架中进行的具有指向性的精神活动；“思”是自由的，“思维”是被规定的。之所以大学时期构成了我已知人生中最有意义的时期，是因为有自由，可以自由地选择读什么书，是否上课，跟谁通宵长谈，跟谁恋爱等，不必考虑找工作和考试分数一类的事情。那时，“我”被最大程度上呈现，“思”也同时在场。

同样是故地重游，2006年我回到大学校园时，忍不住热泪盈眶，往事汹涌而来，这与重游初、高中校园和早年工作过的学校时的感受有着天壤之别。大学里一小点过去的痕迹都会引发无穷多的回忆和感受，顿时通感附体，让人感觉死而无憾。只有死，才能定义生的意义。当我们从死的角度来看生，即当将自己置身于濒死状态下回首往事时，人生的意义或将彰显。死是剪辑有意义人生片段的标准，有了这个标准，人生的取舍就变得清晰。古人所说的“向死而生”或许就是这个意思。

到中年，我的人生如何取舍呢？不能再重复应试教育的那条路，学生时代的痛苦和工作以后稀薄的存在感都明白无误地告诉我，“再也不能那样活”。我需要做完全不被考试扭曲的教师。我理想的课堂是存在主义者的课堂，也就是在课堂上，我的“我”和学生的“我”同样丰盈，同样蓬勃，最好是多年后，学生回忆往事时能够自豪地说：“我在魏勇的课堂上活过一把！”

课堂不是教师自我展示的舞台

一

学校本来就不应该是考试工厂，而应该是寻求真理的地方，是学生的求知欲能够得到自然释放的地方，是师生在松弛的状态下与真我相遇的地方。来北京之前，由于受到《读写月报 · 新教育》主编李玉龙等朋友的课程观的影响，我早就尝试着推翻教师的课堂“霸权”。每一次组织公开课活动，都是大家声讨课堂“霸权”的聚会，甚至大家对朋友也是毫不留情。

所以，当北京十一学校拉开改革大幕，提出“课堂不是教师自我展示的舞台，而是学生学习的场所”时，我感觉来对了地方。过去，我们大多数时候考虑教师怎么讲得舒服，很少考虑学生怎么学得舒心。2012年11月，我在国际金融博物馆实践了一把推翻教师课堂“霸权”的课——应《看历史》杂志邀请，参加一个历史嘉年华的公益活动，那天公开课的题目是“鸦片战争”。在一些历史学者面前讲历史课，这是平生第一次，我“收敛”了许多。由于是对话式课堂，扮演“学生”的观众和学者们发言机会多，且质量高，我忍不住露出教师的嘴脸大大表扬了他们一番，下面的“学生”哈哈大笑。好玩！

课后点评嘉宾是历史老师袁腾飞和华人作家雪珥。估计是看朋友的面子，袁腾飞嘴下留情，说了些好话，雪珥则非常专业地从贸易的角度剖析了鸦片战争的真实起因，证据工作做得很扎实，十分受教。

不知从什么时候起，我明白了一个道理：要干好教育这一行，绝对不能只在教育圈中混，绝对不能只读教育方面的书，恰恰相反，应该尽可能多地和教育圈外的人交往，尽可能多地读教育以外的书籍。一个基本的事实是：更多的明白人不在教育圈，要听到明白人讲明白话，我们经常需要把耳朵竖起来，伸到教育圈外。

二

读再多的有字之书也不能代替生活这本无字之书，同理，听再多高明的看法也不能代替自己亲自去体验一把，百闻不如一见嘛。以前就读过一些有关西方教育的书籍和文章，也听人讲过西方教育的趣闻，但是，更客观、全面地审视西方教育，则是在来北京后亲自去美国部分公立和私立学校转了一圈后才开始的。

2010年，我们一行人到美国顶尖的私立学校和普通公立学校听课座谈，前后待了15天。这次美国之行，一方面印证了我对美国学校的一些正面看法，譬如，课堂以学生为主，课堂氛围自由、民主，学生可选课程较多，好学校的课程难度超过中国，拔尖学生的教育非常个性化。举个例子，达拉斯市一所私立学校的生物教室里居然有停尸间，其拔尖学生的生物课是按照大学标准来开设的。与中国的教育相比，美国学生好比是原生态蔬菜，中国学生则是大棚蔬菜，尤其拔尖学生之间教育的差异巨大，美国对拔尖学生的培养力度远超中国。

另一方面，我对美国公立学校也产生了以前不曾有过的一些看法。在公立学校，很少有学生跟我们打招呼，而在私立学校则相反；在公立学校，学生穿着十分嘻哈，甚至有男、女生公开勾肩搭背，而在私立学校，学生穿着整洁大方的校服，活泼而不喧闹，女学生有淑女范儿，男学生有绅士范儿。除此以外，由于美国州权很大，每个州都有自己的课程标准，这种情况往好的地方说是因地制宜，往不好的地方说就是参差不齐。再加上美国教师有两个强大的工会——全美国际教育协会和美国教师联合会。工会本来是为保障教师的权益应运而生的，后来却渐渐坐大，凡涉及教师权益的问题，如教师福利、晋升、科研、道德标准以及处分等，政府部门都要与之商讨并获得其同意。这两个组织上通联邦政府，下联州政府，左右着全国的教育政策。美国的中小学教师有了这两把强大的保护伞，很容易就能获得终身教职，形成了吃大锅饭的局面，所以缺少积极性。最终，公立教育形成了这样的恶性循环——工会绑架政府，政府保护教师，教师绑架学生，学生只有混日子。

有数据说美国平均每一个上课日就失去7000名学生，每年加起来一共有120万学生辍学，其中绝大部分是公立学校的学生，大约只有70%的高一学生最后能毕业。几百万十五六岁的辍学者成天在街头游荡，辍学者集中的区域也成为社会问题集中发生的区域。与此相对照的是，中国的公立学校系统有一定的优势。为适应应试的体制，中国的公立学校有统一的课程和考试标准，中学毕业后具备起码的阅读和计算能力的中国学生比例可能会超过美国，至少中国学生人人会背九九乘法表而美国学生则很多都不会。

虽然我个人十分反感应试教育，但客观地看，也许应试教育在当下能存在有一定的合理性。这不仅仅是因为它让教育的公平性有所保障，从历史的角度来说，它适应了中国从农业社会向工业社会转型的需要，为中国成为制造业大国提供了人力资源支持。作为制造业大国，中国首先需要的是大量的合格劳动力，即中低端人才，这是应试教育能够提供的。应试教育固然不能直接提供具有相关技术的熟练工人，但能够提供具有相应学习能力的潜在熟练工人。对制造业而言，中国的应试教育有以下优点：其一，全国一个标准。这不利于培养高层次人才，但对培养中低端人才来说，却是一个合适的教育体制，这使得应试教育体制下的毕业生具备底线之上的听、说、读、写、算的能力，为他们成为熟练的工人和优秀技术员奠定了坚实的基础。中国之所以成为备受外资青睐的国家，既有基础设施发达、政策优惠的原因，也有廉价而素质较高的劳动力因素。如果仅仅就廉价而言，印度的劳动力比中国更廉价，工资仅相当于中国的一半，但外资更喜欢中国，原因之一就是印度工人的素质相对较低，印度的文盲占到总人口数的四分之一，而在今天的中国工人中要找出一个文盲，难度很大。其二，应试教育培养了人的忍耐力和服从精神。这两个优点，恰好是制造业所喜欢的人才特点。

三

教育的目的不能由社会来给定，而应该由学生自己来选择，因为学生才是教育活动中的存在主体，只有学生自己对教育满意了，那才是合理的教育。

在工业化时代的中国，能够服务于学生未来生存的教育未必是优质的教育，但可能是合理的教育，中国目前的教育模式可能培养不出大师和领军人物，但的确能培养出达到一定文化标准的工人和技术员。毕竟，教育的本质是为了人类的生存发展。

为什么这么讲呢？

教育是人类的狡黠之处，凭借教育人类才能战胜其他物种而成为世界的主宰。当狮子攻击牛群时，牛们常常狂奔乱逃，而当狮子攻击更弱小的人类时，人类却在经历短暂的慌张后，迅速组织起反攻，狮子从猎手变成了猎物。为什么会有这样的差异？牛们不懂得合作和奉献能够给整个族群带来更大生存机会的道理，更不懂得族群生存的机会大了，个体生存的机会也相应增大的道理，而人类在经过了多次痛苦的经历后，通过教育把这些道理传授给了后代，不仅如此，还把使用工具的技能传给了后代。人类一代又一代累积的智慧通过教育让后代得以分享，这是人类越来越强大的根本原因。可以这样说，教育是人类的“大杀器”，它比锋利的爪牙和坚韧的皮肤更管用。

难道动物世界不存在教育吗？广义的教育当然存在，譬如，母狮带着幼狮潜伏狩猎，这是一种我们今天叫作体验式的教育，具有直接、深刻、实用的特点，但在进化史中，身教只是一种原始低级的教育形态，言传的意义要比身教伟大得多。人类发展出言传即语言教育的那一刻，是整个自然界的大事，是其他物种悲剧的开始。

有了语言做教育的工具，人类可以离开狩猎场，随时模拟出狩猎环境，可以频繁地进行狩猎教育。此时，即便模拟环境不如真实环境逼真，但由于训练频率大大超过其他物种，训练的内容远远超出技能范畴，还包括了勇气、责任、判断力等，人类与其他物种的教育完全不在一个数量级上，人类变成了终极猎手。所以，教育本质上是人类生存发展的一种需要，或者说，教育必服务于人类的生存发展。

教师要成为学生的精神导师

对我来说，美国之行是一个客观审视中美教育利弊的机会。美国之行后，北京十一学校的改革提速了，改革从课堂延伸到课程，又从课程延伸到学校形态，分层教学、走班选课、取消班主任等，自然就成了其中的应有之义。所有这些改革当中，最具争议的大概就是取消班主任了。学生怎么能没有班主任管着呢?

事实上，班主任很多时候被看作“班妈妈”，这一看法是有一定道理的，这说明班主任什么都管，是学生在校生活的依靠。殊不知，如果说，小学班主任还有一定的存在的必要的话，那么随着学生年龄的增长，中学班主任的必要性相对降低，因为管得太多的母亲会造就缺乏自理能力的孩子。扔掉拐杖，孩子可能会不适应，甚至摔一些跟斗，但就在摔的过程中，孩子成长起来了——人，是摔大的!

也许有人会说，我们不怕孩子摔跤，就怕一下子摔死。这个顾虑有道理，所以，北京十一学校的改革分两步走，第一步用导师代替班主任，第二步才是取消班主任。

一、导师要告诉学生读什么书、看什么电影

做导师的这些日子，我个人觉得是教书二十多年来比较开心的一段时间。我打算在退休以后，像周星驰一样把这些故事编成32个回合，每天在天桥下面说一个回合，呵呵。

导师是干吗的？我的体会是，导师就是“三陪”——陪看、陪聊、陪写，即陪学生看书看电影，陪他们聊天，陪他们写作。

导师和班主任很大的一个区别是，导师一定要告诉学生，在他们最美好的年华，应该读什么样的书，看什么样的电影，听什么样的报告和讲座。所以陪学生看书，是我的导师工作当中的一个核心内容。

导师会，很多时候就是读书会。有一次，我推荐了麦克里兰的《西方政治思想史》给学生。之所以推荐这本书是因为它告诉我们，什么样的人民通过什么样的方式才能造就一个好的政府。这本书在西方是高等学校的教材，同时它还是一本畅销书，通俗易懂。我们的学习方式是读完之后分配任务，一个学生负责讲一个单元，在讲的过程中随时接受质疑。

余华的《在细雨中呼喊》是我们重点阅读过的一本书。余华杰出的叙事艺术在这本书里面得到了淋漓尽致的展现，丝毫不逊色于莫言，甚至高于莫言。我让学生先上网买然后阅读。

另外，学生也给我推荐了一些书，邀请我读一些书。在一堂课上，叶枫同学在我的写字台上留了一张纸条，推荐我阅读《了不起的盖茨比》。叶枫说，这本书的原著写得很好，中文翻译损失很大，所以她建议我中英文对照阅读。我没能力阅读英文原著，于是就由叶枫本人来主持这个导师会。她有两个版本的《了不起的盖茨比》，一个是中文的，一个是英文的。

为了让学生全面了解将要阅读的内容，我做了一个书目，并写了推荐理由。比如，米兰·昆德拉的《被背叛的遗嘱》，我写的推荐理由是：“若要在世界文学的范围内来了解什么是好的文学，我想这本书是绕不开的。”除了文学类还有社科类的书，但文学类相对较多。虽然我是历史教师，但我觉得推荐书目不应该受学科的限制。文科是一个整体，没有说我们的大脑里面D盘是历史，C盘是经济，E盘是文学，人脑并不存在这样的分区。一个人对人文知识感兴趣，一定是整体地感兴趣，而不会刻意地分科。

另外，看电影也是导师会的一个重要活动。比如，我们看《一九四二》《林肯传》等。看完电影之后，一般都会聚在一起分享。因为看了《一九四二》，有学生专门查了《剑桥中华民国史（1912—1949年）》，想证实1942年河南是否发生过严重饥荒，结果发现史书记载的东西比电影所表现得更残酷。

二、导师要关注学生的精神成长

我和学生在导师会上常常聊天。我个人理解，导师会实际上是有主题的聊天。其实这也是一种学习活动，而且还是一种比较高效的学习活动。聊什么呢？从有关莫言获诺贝尔奖的争议，到我们学校的手机管理办法是不是恰当等，学生们常常妙语惊人，出乎我的想象。

有一次，我们在北京植物园里面晒太阳，我看到一只蜜蜂在采花，突然想到一个问题：一只工蜂无私地把自己的蜜奉献给了蜂王，最后辛劳而死，这种行为算不算高尚？对于这个问题，大家争议很大。我随手拍了一段手机视频，打算在他们毕业的时候，作为礼物送给他们。

这种随机的讨论像是在玩，但是在玩的过程当中，会产生一些想法，会激发一些思考。就我个人而言，我很享受以这样的方式跟学生相处。另外，每周的时事热点也是我们聊天的话题。我觉得谈论政治的时候需要以一种很自然的方式，就像小鸟的啼鸣叫出黎明一样，自然表达真实的见解，不要人为划分出很多的禁忌。当然，我们遵从一个理性、客观、实事求是的原则，不渲染也不缩小，自然地聊。

其实，好多时候言论的尺度就是这样一点一点被自然地撑大的。我们喜欢谈政治，在我的教室里我有一幅字挂在最前面——“你不关心政治，政治就会关心你。”

此外，学生要在精神上获得成长，我觉得写出好文章也必不可少，所以我给他们提写读书笔记的建议，当然这不是强制的，学生愿意写就写，写了给我看，我就做个点评。感觉写得好的文章，我就推荐给媒体。譬如2012年，我推荐一些学生参加《看历史》杂志举办的全国征文大赛，唐子阳同学的文章获得全国三等奖，其他两位同学的文章获得了优秀奖。

有时我自己也会下水写一些文章，以此激励学生们的写作兴趣。例如，向学生推荐阅读毛姆的《月亮和六便士》后，我也写了一篇读后感，并发给他们。如果感觉写得还行的话，有时候我会在导师会上朗读一下自己的文章。

三、导师要帮助学生活得更幸福

导师有义务帮助那些想考高分的学生提高成绩，尽管考试从来就不是我们导师会的主题。

有一次家长会之后，李同学的家长告诉我，孩子对于自己没考好感到沮丧。第二天找到李同学，我问：“你在乎分数吗？”原来我以为活泼外向的他不在乎分数，结果他说：“我在乎。”我又问：“有多在乎？”他说：“很在乎！如果没考好的话，我的心情会很不好，这会影响我的生活质量。”我说：“那好，其他学科我帮不上忙，但历史学科可以，我把历史如何考高分的办法告诉你，你只需照办就行了。”

我告诉他，就考试而言，历史教材没有重点和非重点之分，事实上所有的考点全是重点。比较聪明的孩子，往往乐于思考却往往不肯下笨功夫去记忆历史的细节和基础信息，所以考试分数不够理想。要想考好，就要把自己看得笨一点。怎么做呢？默写考点，并厘清重大事件的前后关系。取得好成绩的关键是，你要有一颗教师的心，你要像教师那样来看这些考点，要知道这个地方适合挖坑，那个地方适合埋设陷阱；这个地方适合出选择题，那个地方适合出问答题。当你这样去学教材的时候，效率才高。后来，我还让他在我面前背诵知识点，偶尔进行必要的监督。学段末考试时，他的历史老师告诉我，这孩子的成绩进步很大。

我帮助他考高分的初衷是希望他活得幸福一点，快乐一点，因为考高分本身并不代表你历史学好了，但是这可以让孩子觉得很快乐，所以我也愿意在这方面去做我力所能及的事。

另外，我希望和学生相处的时候，让学生懂什么是魅力，怎么打造自己的魅力。

周同学有一段时间突然发胖，一次，我就调侃了他几句，我说："一看你这个体形就知道你不爱运动，对女生完全没有杀伤力啊！你知道什么时候人最有魅力？运动过后的人最有魅力，经常运动的人体形完全不一样，一看就知道是喜欢运动的还是不喜欢运动的。你得运动减肥。"他对此不置可否，我也不知道这个话管不管用。大概半个学期以后，有一天我从侧面看到他，都快认不出他了，他的五官轮廓变得非常分明，身体显得结实，动作利落。我问他减了多少斤了，他说减了十斤。我说，这就对了，你现在看着就比较有男人味了。

总的来说，做导师的核心工作，是要让学生喜欢导师会，喜欢跟你相处。要做到这一点，我的体会是：有组织，无纪律，学生想来就来，想走就走。

不精确的课堂才是好课堂

我们的公开课曾经是这样的：把一个好的预案设置好，尽可能精确到每一个细节，甚至在哪个地方停顿、做什么表情，事先都已经计划好了。一句话，整节公开课都在上课老师的掌控当中。如果在上课的过程中，学生的回答出了意外，出乎我们的预料，那么我们就把它拽回来，拽到我们预先设定的那个方向上去，不让它旁逸斜出，从而保证我们公开课的完整性和可观赏性。

一

可以说，一堂公开课就是一个教研组集体的心血。问题是，在这样的公开课上，学生有怎样的感受呢？我们从来没有问过，总是觉得学生很热闹，举手回答问题也很主动。大家都觉得效果好，因为评价公开课有一个标准——学生是否积极参与。后来有一次，大概是2005年，我在成都参加一个活动，这个活动也是请老师上公开课。但是它有一个环节，就是上完公开课后，请学生参与老师的对话，学生谈他从这堂课中得到了什么。这次活动给我的触动很大，因为这是我第一次从学生的视角来看课堂。结果学生的评价和我们老师的评价是不同的。我们老师觉得这个课很好，但是学生觉得这个课很乱。有的课我们老师觉得有问题，但是学生却能说出从这堂课中得到的收获。这就促使我们思考：课究竟是为谁上的？是为听课的老师上的，还是为学生上的？课堂的中心到底是学生还是我们老师？

虽然从理论上讲，我们都知道学生是课堂的中心，但是在上课的过程中，不自觉地就变成了以老师为中心。所谓的“以老师为中心”就是以我们台下的老师为中心，上课的目的变成了让听课的老师觉得这个课上得好。但是学生在听课的时候是什么感受呢？我们不要低估了学生，认为他们不懂，其实他们是很懂感情的。老师在台上上课，他们知道自己有义务要配合老师，他们知道要尽量去揣测老师希望得到的答案。所以说，我们原来那种设计得非常精确的公开课，在一定程度上就是把学生当成了我们上课的一个道具而已，学生上课仅仅是为了配合我们老师。这样的课我们往往给它一个评价，叫作配合默契。这样的课，好！

要我说，这样的课是师生狼狈为奸，共同做戏。以往我们把注意力放在了对老师作秀的批评上，其实，学生作起秀来更自然，更具有欺骗性。你想，学生的注意力都放在怎样揣测老师的想法上去了，他自己的想法没有体现出来，自己的精神没有在这个课堂中得到伸展，他哪会有什么收获？这就是我们传统的公开课被人批评、被人诟病的原因。

我们听课的老师也常常不服气，觉得你无非就是上课时语言更流畅，更有表演天赋，无非就是你课设计得更好。很多名师都讲了公开课，但我们觉得许多课并不符合自己内心对优秀公开课的定义。这个问题出在哪里呢？问题出在我们刚才说到的，我们的课堂中心是老师。我们只有将学生置于一个自然的、安全的、有意义的环境中，他们才能够放松下来，全神贯注地去思考老师提出的问题，并做出自己内心想要的答案。为什么学生需要安全感？实际上，我们上公开课的时候都发现，学生是有紧张感的——他怕说错。要想学生阐释自己的想法，就要让学生置身于一个安全的环境中。好的老师在这方面是做了不少工作的，让学生能够感受到安全感。比如，武凤霞老师和窦桂梅老师，她们在这些方面都是很有特点的。学生为什么觉得松弛？就是他觉得有安全感。我们老师怎么给他安全感呢？首先，一开始提的问题难度不要大，要简单一些，让大多数学生都敢开口。一旦学生开口并回答正确，整个课堂环境就会产生一种安全的氛围。其次，多用赏识性语言。当然，学生可能回答完全错误，我们应该纠正他，不要什么都说好或对，但是我们纠正他时，不要用那种粗暴的语言。粗暴的语言一出口，其他的学生听了就打战了。他也会怕答不出来，受到很苛刻的评价，他就没有安全感。

二

如何让我们的课堂更自然呢？关键是我们老师上公开课的时候不要有一切尽在掌握中的那种想法。如果说我们的公开课没有一定的模糊性，没有一定的不确定性，这堂课是不好的。什么叫不确定性和模糊性？我们老师上课之前都要备课，备教材、备学生、备教法，但是你能够备出学生在课堂上的所有回答以及应对的办法吗？你不可能完全备出来，因为学生的脑袋怎么想的我们不可能全部准备好，肯定有一些出乎我们老师意料的答案和问题。我认为，好的公开课不应该放弃这些和我们预设不相吻合的东西，而是马上对这些答案做出判断，如果有闪光点，立即找出闪光点，然后产生新的思考、新的争论，从而放弃自己的一些预设。牢牢地抓住学生临场生成的闪光点，将它放大，这样才能真正激发学生思考的兴趣和回答问题的乐趣。因为这一切是自然发生的，不是为了迎合老师而回答的，而且老师也没有显示出自己强势的地位，没有非要把学生带入自己的预设中。

如果出现了这样的情况，老师就面临一个困惑：我们事先预定的教学目标完不成怎么办？一节课只有40分钟，我是在这个临时的火花基础上开展课堂还是回到我预设的方案上去？我觉得，老师你为什么不可以放弃原来的方案，而就课堂上一些有智慧的问题展开真正意义上的心灵与心灵的对话呢？学生是敏感的，你没有用强势的地位去压迫他，他能感觉得到，他是愿意和你进行这样的对话的。

当我们这样做的时候，这个课堂可能就会有一些不可控制的东西了，这就叫作不确定性。但是，精彩的对话往往就在这样的课堂中产生了，我们课堂的亮点就出来了。这样的课堂才是原生态的、是自然的，这样的课堂才有助于我们学生的精神发育。

我们作为成年人，可以设身处地地换个位置想一想：假设我是学生，在下面听老师讲课，回答老师的问题，我是希望讲自己的心里话，还是希望讲老师心里希望我回答的话？显然我们都喜欢说出自己心里的话，然后和我们的老师、同学的观点碰撞，并在碰撞中获得自己智慧的成长和情感的涵养。儿童也是如此。所以，现在的好的公开课已经和几年前、十几年前的好的公开课不同了。现在，我们评价一堂好的公开课已经不是一个好的剧本、一个优秀的演员那么简单了。

与原来的课堂相比，我们把这样的课堂称之为开放的课堂。因为你没有把学生的思维局限在老师的思维当中，原来的课堂精确得像仪表，封闭得像潜水艇。这两种课堂比起来，学生肯定更喜欢开放性的课堂。问题就是，课堂一开放，我们老师就感觉到不好驾驭了，这个时候学生稀奇古怪的想法就出来了，我们怎么驾驭呢？所以说，开放的课堂对老师的素质提出了挑战，需要我们老师具备深厚的功底。

让学生有思考的欲望和能力

语文究竟教什么？这是一个老问题，工具派和人文派，还有介乎两者之间的折中派，为这个问题打了不少口水仗。在关于语文人文性争论休战后，近年有了一种呼声，“让语文回到语文”。这样的呼声仿佛在拒绝语文学科以外的一些东西。那么，学语文的最终目标究竟是什么？语文要不要拒绝思想、历史、政治、艺术？评《晏子使楚》一课之所以要扯上“语文教什么”这个老话题，是因为不从这个原初问题出发，我们就无法判断窦桂梅这堂课的价值。

一、没有新奇的精神历险，就没有好的表达

小学语文究竟教什么？比较常见的回答是，帮助儿童发展使用语言的能力，即听、说、读、写的能力，然后在这个基础上培养孩子思考问题的能力、审美观、想象力、情感态度等。这个答案不错，听、说、读、写是语文最具特色的学科名片。正是在这个意义上，“让语文回到语文”的说法似乎成了任何一位语文老师都不敢背叛的“意识形态”，否则，就是语文的叛徒，这样的课将得到一个平易而极具杀伤力的评价——“没有语文味儿”。窦老师的两节课，几乎花了一半的时间在课文的字、词、句以及朗读上面。为了落实，有些“重要的”字句还反复诵读，可以说，把“语文”的功夫做足了。

一般情况下，语文老师都要从语言文字入手，然后从中进行思维、

审美的提升。大多数老师似乎都认为解决了语文的拦路虎才能进行其他项目。这或许有一定的价值，我想探究的是有没有更好的语文教学方式。我们似乎还应该想一想：为什么小孩语言表达能力差，而且错别字多？你可以说孩子不努力或者资质差等，但这种说法掩盖了一个基本的事实：孩子只有在各种有意义的经历和活动中使用语言时，才可以能动地交流并兴奋起来。若语文课堂没给学生提供足以让其燃烧的环境，没有刺激起他对精神世界的强烈好奇，学生就不会产生表达的欲望。没有表达欲望却为了配合老师的训练而进行的表达几乎是无效的。在这个背景下的表达能力和思考能力的训练，对学生而言是痛苦的，对老师而言是做作的。

所以，语文教学在这个问题上存在着两种现象：一种是工具论者把训练表达能力同思考问题能力割裂开来，认为表达是语文的事，思考则主要是政治、历史的事；另一种是虽然兼顾了训练表达能力与思考问题能力，但把训练表达能力置于优先的位置，而把思考问题能力看作锦上添花，为表达得更加出色服务。这种做法可以用一句话来概括：在表达中学习思考。今天已经很少有人持纯粹的工具论立场，更多的人在第二种现象中徘徊。

的确，语文的首要任务就是要培养人的表达能力，但表达能力不是抽象的，不能脱离人的见解和思想而孤立存在。它在具体的情景中使用，也必须在具体的情景中培养。可以在学习和阐释历史中，学习表达；可以在模拟参政议政中，学习表达；可以在艺术鉴赏中，学习表达；可以在社会考察及与人交流中，学习表达。在各种新奇的精神历险中，学生对语言有一种新奇感，他们才乐于高效以及富于想象力地使用语言。正是由于对语文教什么有不同的理解，美国的语文才呈现出“四不像”的特征。在《美国语文》中，我们看到的标题有“国家的诞生”“论公民的不服从”“分裂、和解与扩展”“文明的交会”，作者有富兰克林、托马斯·潘恩、华盛顿、帕特里克、大卫·梭罗等，他们大多以思想而闻名，书中甚至还有南北战争时期著名的将领罗伯特·李。按照我们的观点，这简直就是政治课、历史课。

在教“睡美人”这个单元时，美国老师讲睡美人的故事，要求学生学习《睡美人圆舞曲》，还进行表演、画画等课程。小学四年级上《沿着那颗星：用艺术和音乐来表现地下铁路的故事》一课时，由四五名学生组成小组，每个小组选择其中的一首歌，确定音乐并进行演出，可以有乐器伴奏。老师还让学生调查地形，帮助黑人设计从南方逃到北方的线路等。按照我们的看法，可能要问一问：这究竟是语文课还是音乐课或者地理课？

当学生为完成工作进行访问时，沟通能力得到了实际的提高；当他兴趣盎然地完成了自己的工作，自豪地向全班汇报时，他的表达能力在激情状态下得到了卓有成效的锻炼。为什么这样说？关于字词教学，其实有两种思路：一种是以有意记忆为主，是以课文为本的训练式的教学；另一种是以无意记忆为主，是以主动地大量阅读与运用为本的情境式的教学。同样，在阅读教学上也有两种思路：一种是遵循认知心理学的规律，强调感知、理解、运用、表达的循序渐进的线性发展思路；另一种是依据母语教育与拓扑心理学的特点，“在运用中学习语言的运用”（参阅李海林的《言语教学论》）的模糊发展思路。

其实，我们不难发现，表达与思考、语言与精神之间，实际上是“言”与“意”之间的关系。对于学生而言，若“意”不至则所有的“言”都只能是空壳。同时这个“空壳”又是一个规范的体系，于是学生只能被动训练，只能有意记忆，那么今天的教学只剩下一个理由：为未来做储备。但这个“空壳”却是重要的，而学生只能成为记忆的工具或容器，或者老师在用许多技术来修补兼顾一下学生的“意”，但再怎么修补，学生还是工具。反之，“意”至而“言”不达之时，学生才会主动学习运用语言，语言才会真正成为工具。所以我个人认为至少语文教学还有一种可能，就是“意”先行，以神解形，在思考中学习表达。

二、学生缺乏的是思考有价值的问题的机会

在这个背景下打量《晏子使楚》，或许我们才能从容地把老师的教学技术剥离出去，看看剩下什么。可以打这样一个比喻来说明我的观点：课堂的内涵或者说“意”是一个实数前的自然数，课堂技术和课堂气氛是自然数后面的零，没有前面的自然数，后面有再多的零也没有意义；有了前面的自然数，后面的零越多，数值才越大。

以窦桂梅老师的《晏子使楚》为例，她把“尊重”作为课堂的落脚点，也就是人们通常所说的“课眼”，然后从对晏子的尊重，走向对人的“尊重”的思考；又从对人的尊重，导向对国家的“尊重”的思考；最后从对国家的尊重，引向“自我尊重”的思考。这说明窦老师已经意识到了“思考”对于语文课的价值，并试图升华课堂的境界。落脚于“思考”，并层层推进，使这堂课产生了思想的张力。为了应对思想上的挑战，学生不得不凝神定气，全力以赴向老师树立的目标出击，从而老师在最大限度上调动了学生。这是这堂课最大的价值。当老师抛出一个有价值的问题时，学生忘记了自己是在上公开课，忘记了还有其他听课的老师。

学生的回答可以说是精彩纷呈，出人意料，再一次印证了好的问题是打开学生思维的钥匙的说法。索尔仁尼琴曾说，一句真话能比整个世界的分量还重。学生在课堂上能够真实地进行思考和表达比任何课堂技术都重要。对小学六年级的学生来说，他们不缺乏字词句的灌输，他们缺乏的是思考有价值的问题的机会。我们许多语文老师并不否定思考的重要性，甚至也推崇窦桂梅后半截课的价值，但他们把后半截看作在前

半截语言教学基础上的升华。没有前半截对基础的夯实，这堂课就是不完整的，就不像语文课。而在我看来，这篇八百字左右的历史题材的白话文，绝大多数学生都能读懂，实在没有必要学究式地推敲个别字词句。

个人以为，优秀的表达不是推敲出来的，而是思想锤炼的结果。对语言推敲的过度训练，还有可能伤害语言本身。现在的文字“推敲法”教学，固然可以在一定程度上实现表达的准确，但我们必须意识到，这种方式也有一定的副作用。我们现在所训练的表达是一种常规的表达，这种常规有可能扼杀学生另类、新鲜的表达从而制约学生语言天赋的发展，造就正确的废话和乏味的语言。我们发现这样一种普遍现象：学生到了中学阶段以后，尤其是高中，大多能够做到写作流畅，错别字少，但很少写出有见地的文章，很少有新颖的叙述。平庸、千人一面，是现在学生作文的最大特点。这种状况显然跟从小学开始的重字词轻思考的语文教育有关。一篇议论文，如果没有独到的见解或者特殊的感受，哪怕用词十分准确，语言十分流畅，也没有任何价值。杰克·伦敦曾经很倔强地表达过类似看法：如果一篇文章不能使我感到额头被猛击了一掌，我还读它干什么！

为了充满思考的教室

一些国家的母语教学把思考放在了首位。日本把“使学生思考明晰起来”定为国语科教学的第一目标，特别强调培养人的独立思考能力。他们强调，国语科教师在教学过程中，应站在“阅读即思考”“语言即思考”“作文即思考”的立场上认识教学、指导教学。教师提问、启发，必须能够激发学生的思考或发问。法国规定，语文教学的主要目标是培养学生流畅的口头及书面表达能力、交际能力；学会分析、批判事物，发展自己的注意力、记忆力、思考力和判断力；发挥自己的独创精神。欧美诸国教育界还要求语文教师重视指导学生学会批判性阅读，即不囿于课文，而能用自己的眼光去阅读，发表自己的见解。外国小学语文教学，不仅在教育思想上重视教学的思考性，强调锻炼儿童的思考能力，在具体教学实践中，也是紧紧遵循这一观念的。比如，英国语文课设有讲读教室、作文教室，教师们总是努力使它们成为“充满思考”的教室。德国语文课上有让学生阅读幽默故事、议论幽默故事的做法，还有观察图画、编写故事的做法。美国语文课上为配合课堂教学教师还采用程序教学法。这种学法主要靠程序教材让学生自教自学，在听、说、写各个环节上，学生要独立思考、自行提问、自行检测，因此有利于发展学生的独立思考能力和判断能力。国外语文教学强调的思考锻炼并不止于逻辑思考、形象思考，还包括为日、美等国重视的直观性思考和批判性思考。

所以，国外的学生跟中国学生截然不同。他们在基本功方面大多不如中国学生，语法错误多、错别字多，甚至多数学生毕业后仍不会背九九乘法表。但他们的基本素质却不比中国学生差。在大学外语系待过的朋友都知道，许多外籍教师在单词的记忆和准确书写方面远不如中国教师，甚至不如他们的中国学生。但我们仍然要聘请他们，因为“基础知识”差并不妨碍他们的日常交流和表达，并不妨碍他们阐释对莎士比亚的准确理解，并不妨碍他们在文学领域拿诺贝尔奖。从根本上说，决定学生语文素质的不是字词句功夫，而是思考的欲望和能力。所以，苏霍姆林斯基以语文课的改革为先导进行了一系列的改革实践，并在此基础上提出了改革学校整个教学体系的思想：“现在的学校的整个教学和智育的体系，需要从根本上加以科学的改善。让鲜明的思想、生动的词语和儿童的创造精神来统治学校的王国吧。学生的精神生活和智力发展的全部内容和全部性质，都应当建立在这三根支柱上。”[①]

当然，在语文课堂上对极少数非常精辟的字句，我们也应该引导学生推敲、玩味，但没必要把它作为语文的特色而成为必修科目。还是以窦桂梅老师的《晏子使楚》一课为例，除了进行字词句的积累，以及对“看了看”“笑了笑”的推敲与课文最后一句话的个性理解，是否还可以将更多的时间用来拓展思考的范围和深度呢？是否可以提供更多的资料引导学生思考：从政治、外交、做人的角度，你如何评价楚王？晏子反击楚王的方式，在思维结构上有什么特点？在现实中若面对侮辱，你会怎样应对……

总之，这堂课在体现窦老师一贯风格的前提下，实现了一次谨慎的突破。最值得一提的是，窦老师在思考上的挖掘和突破，使课堂呈直线深入的趋势，突出了思考的价值。这一课直指目前语文教学最大的软

① 苏霍姆林斯基．给教师的建议［M］．杜殿坤，编译．北京：教育科学出版社，1984：183．

助，可以说代表了未来语文教学的发展方向。在我的视野之内，这几乎就是目前语文教学改革所能达到的极限。然而，这并不是我们应该止步的边界，如果我们完全跳出目前小学语文比较单一功能的模式，走向综合功能的语文，自然地结合音乐、历史、政治、社会调查等，或许会看到完全不同的一片天。即使从培养学生表达能力这一单一功能出发，对具备初步阅读能力的小学高年级学生而言，以思考为主，在思考中学习表达，或许更能培养出鲜活、生动的语文能力。

有时，讲是最有效的教学方式

教育也有教条主义，过去的教育教条主义是教师包打天下，认为一切真理和知识都来自教师，所以，教师要扮演传道、授业、解惑者的角色，所以，教师就是滔滔不绝的那位，这是挨批评的“教师中心论”；而现在新的教条主义是学生包打天下，一切真理和知识都应该让学生自己去探索和发现，教师应该置身其外，让学习以小组合作或者学生讨论的方式来进行，教师不能是权威和领袖，顶多是平等的参与者和对话者，这是被赞赏的“学生中心论”。

中国没有形而上学的传统，但在教育圈中却有形而上学的现象。一些学校的改革相当机械和教条，规定老师不能在课堂多讲，讲多了要扣工资；而另一些不改革的学校，毫不犹豫地坚持填鸭式满堂灌，直到学生厌学为止。

这两种截然不同的教育观，都存在一个共同缺陷，即把学生成长的路径单一化了，忽略了人的复杂性和学科内容上的差异。事实上，一方面，学生的需求是多层次的、易变的，学生有时需要老师多讲，有时需要老师少讲或不讲，有时需要独立思考，有时需要合作学习；另一方面，学科内容的差异导致有些学科应该少讲，有些学科可以多讲，而在同一学科内，有些单元应该少讲，有些单元应该多讲，而在同一单元内，对有些学生可以多讲，对有些学生可以少讲，甚至不讲。教师的专业素养就体现在，对以上情况进行细致的甄别，从而采取不同的教学策略，实现效益的最大化。

文科老师容易犯的毛病是，把文科的教学方法普适化。的确，文科有大量的内容适合讨论与合作学习，譬如，评价历史事件和人物、理解小说的主题和人物内心世界等，这时，老师应该是配角或者导演，学生是真正的主角。这一文科场景不见得适合理科，但文科老师利用自己独特的优势放大了这一场景。文科老师的独特优势是写作，他们掌握了基础教育圈的话语权，大部分的教育教学文章出自文科老师之手，于是，文科课堂里面以学生为中心的情形频繁出现在各种媒体中，仿佛，这才是最佳的教学方式，甚至是唯一正确的教学方式。

这就叫从一个极端走到另一个极端。实际上，有些学科在有些时候就得以教师为中心，就得多讲。讲，是最有效率的教学方式。

从2013年开始，十一学校枣林村书院开设了高中拔尖学生的数学课程——“数学实分析”，这门课是大学数学系的专业课。怎么上这门课呢？一个字，讲。本来书院是以讨论和辩论为特色的，但我在征求学生和教授的意见时，他们不假思索地否定了合作学习加讨论的方式。为什么？因为所学的内容多、难度大，数学是吃青春饭的，学生需要在尽可能短的时间内就掌握足够多的基础知识，比如，微积分、数学分析等高等数学的内容，这些基础知识并不简单。在这个阶段，老师讲授是效率最高的方式。

即便老师起了主导作用，但由于知识太深，内容太多，还是有很多学生跟不上。一开始，我们有十五个优秀学生选这门课，到最后只剩下五个学生能够坚持下来，这五个学生中有三人获得了丘成桐中学数学奖。如果用讨论的方式来进行学习，恐怕早就全军覆没了，至少不可能按时完成任务，而超前学习对数学人才的培养来说至关重要，获得菲尔兹奖的数学家们，大多是因为在三十岁左右做出成绩，如华裔数学家丘成桐、陶哲轩。

这是课堂上以教师为中心的案例，下面再来说一个以学生为中心的案例。

2014年底，枣林村书院根据三个学生的请求，又新开了一门课程“量子物理”。由于这三个学生的基础知识相当全面、扎实，加上学习时间充裕（因为他们已被保送到北京大学，不用参加高考），有大把的时间，所以，这门课跟数学课的上法不一样，跟学生和老师商量的结果是，他们认为最好的方式是以学生自学为主，老师一个星期跟他们碰一次头，进行答疑和讨论，当然，老师一定的讲解也是必不可少的。目前为止进展神速，据老师反映，三个学生的物理水平已接近一流大学物理系三年级学生的水平。

从课堂形态来看，表面上一个以教为中心，另一个以学为中心，事实上，彼此并不矛盾，都是适合各自学生当时学习状况的最优方案，从根本上来说，这两个案例都是以学生为中心的。

教师课堂地位的强弱，不应该由教育理论和理念来决定，更不应该由教育行政部门来硬性规定，而应该由当时的实际情况来决定，由作为专业人士的教师依据自己对本专业的了解和对学情的分析来决定。这样一来，对教师就提出了更高的要求，不然的话，混日子的教师若掌握了课堂主导权，可能会扼杀学生的智力活动，还不如把主导权还给学生。

的确，目前中国教育的主要问题不是老师讲得太少的问题，而是老师讲得太多的问题，非常有必要推翻教师霸权，不过，在对这个问题进行反省和纠正时，我们不能走到另一个极端，完全否定讲授和教师的主导作用。在我看来，一个有经验的老师，应该能屈能伸，“上得厅堂、下得厨房”，需要时可以是充满激情的演说家，也可以是默默无语的观众；必要时可以走到台前，也可以隐于幕后，一切以为学生提供最恰当的教育服务为中心。

兵无常形，教无常态，因时而化，顺势而为，忘掉所有的教育理论，去掉所有的条条框框，从有招到无招，从按部就班、精雕细刻到随心所欲而不逾矩。

一句话，大道至简，这是我所追求的教师境界。

怎么跟中学生讲《论语》

为什么我会对《论语》感兴趣呢？人到了一定年龄就会想，自己为什么是这样一个德行？我为什么是这样子的？比如，我也很重视教育，也帮我的孩子报班补课。但我去美国的时候，发现他们对教育不像我们这样重视到无以复加的程度。其实，我们跟其他国家的人有很多相似的地方，比如，都有一些共同认可的美德，如忠诚、勇气、责任、奉献，等等。但为什么还有那么多不同？比如人情，若朋友结婚、朋友有什么事，我们送礼往往送得很实惠，有时候就直接送钱，但是西方人送的就很务虚，是象征性的。这些行为，追根溯源，根本原因是在哪里呢？肯定不能只追溯到我的祖父、曾祖父，因为他们的祖父、曾祖父也是这样的。每个国家的人民，今日的状况都受昨日选择的影响，昨日的文化会影响你今日的价值观。在读《论语》的过程当中，和孔子近距离接触，我慢慢体察到了我们中国人为什么会是这样。

一、孔子和《论语》

孔子究竟是怎样一个人？《论语》当中有哪些内容是跟我们的现实有密切联系的呢？

首先，孔子是不怎么买别人的账的。《论语》里有一句话："三军可夺帅也，匹夫不可夺志也。"其次，孔子一辈子都不得志。凭他的学问，他要是妥协一点，拍点马屁，走点后门，完全能够当大官。但他一辈子不得志，以至于北京大学教授李零称其为“丧家狗”。而正是这种“丧家狗”的形象，奠定了孔子在中国人心目中那种崇高的位置，这是因为他的独立精神。这是我们中国知识分子非常推崇的品质。

孔子虽然担任过鲁国的司法部长，但是时间很短。他为什么不得志？除了刚才我们讲的独立精神以外，还有一个很重要的原因就是孔子的乌托邦思想。其实他的“仁”和“礼”在春秋战国时代就是乌托邦的理想，很丰满，但是现实很骨感，他没有办法在那样一个丛林时代推行，但是他仍抱着不放。他其实完全可以把自己的思想稍微改造一点，在“仁”的学说基础上再加上一点法制，那样很有可能就会被国君接受。但他不是这样的人，他就是一个怀抱理想、在现实生活中找不到生活家园的“丧家狗”，但这是一只令人尊敬的“丧家狗”。他如果被圈养起来了，我们今天就不会这样尊敬他。用现在的话来说，他就是一个被边缘化的知识分子，背井离乡，挣扎在主流和边缘之间，经常失意，甚至挨饿。他想实现“仁”的理想，想告诉那些君王，按照他的想法去做，社会才和谐。他这个想法就犯了大忌。

国君们需要知识分子，但他们需要的是那种招之即来挥之即去的，你可以给我提建议，采不采纳是我的问题，别动不动就想成为我的导师。而孔子想做导师，做国师，国君的老师。所以后人把孔子称为“素王”，民间的王。他有这种理想，而这种理想是不被那些国君所接受的。所以他一辈子潦倒，没能实现他的政治抱负。

然而，也正是因为他的潦倒，才使得他的乌托邦思想能够比较完整地保留下来，成为后来的士大夫，甚至很多平民追求的目标。两千多年来，中国人为什么敬重孔子？就因为孔子所描绘的这个“仁”的蓝图是如此美好，让每个人都心驰神往。如果他打了折扣，向统治者妥协了，人们肯定不会像现在这样向往。一个类似于圣人的人，他的思想一定是远远超过他自己的时代的。如果仅仅是贴近时代，他在当时可能很成功，但不可能在子孙后代的心目中特别成功。

从世界历史来看，那些我们现在很敬仰的人，其实大多在他们那个时代是不得志的，甚至包括艺术家、作家也是如此。像司汤达，他曾说他的《红与黑》在法国反响很差，大家不喜欢看，不能理解他怎么有这么多心理描写，而没有准确的景物描写。为什么不走巴尔扎克的那个线路？不喜欢。但司汤达很自信，他的作品写于19世纪30年代，但他说他将在1870年被法国人理解。确实，孔子在他的时代也是不能被人理解的。他的理想和追求，都集中体现在这部《论语》里面。

《论语》中的内容，有很多我不赞成，也有很多我是赞成的，甚至想拍案而起。读了他的书，就能解释自己的很多行为，能解释我在现实生活当中为什么会这样而不是那样。因为他是我们的精神导师，我们每个人身上都有一个孔子，只是程度不同而已。哪怕最反对孔子的鲁迅，他身上其实也有一个小小的孔子。

我们和他之间有哪些血脉联系呢？先来看一看这些近现代著名作家对孔子的评价。

鲁迅认为孔子是被掌权者炒作起来的，就是强权者的一个工具而已。其他学者没有这么极端。比如北大教授李零，他认为孔子是丧家狗。说丧家狗表面上有调侃的意味，其实更有悲凉的色彩，有一种同情在里面。后来李零也补充了，他说其实孔子就是中国的堂吉诃德，一个理想主义者，远远超越了他那个时代。知其不可为，他又偏要为之。

鲁迅的弟弟周作人对孔子的评价比鲁迅高一点，他觉得孔子是一个哲人，不是圣人。《论语》中讲的主要是处世的道理。

众说纷纭，那真实的孔子究竟是什么样的呢？尤其很多人看了于丹对《论语》的解读之后，又困惑了：《论语》是包治百病的心灵鸡汤吗？我们社会上某些堕落的现象、伦理的偏差、道德的缺失，能够靠《论语》、靠孔子来拯救吗？今天，我们在这里尽可能一起去触摸一个真实的孔子，不知道能不能达到这个目的，只是想试一下。

二、为什么中国人很重视读书

中国人很重视读书，全世界可能是独一份的。中国的补习班绝对是全世界最多的，为什么会这样呢？我们认为，知识可以改变命运，考上好大学才有好工作。这个规矩是谁定的呢？往前找，我们看到清代科举制度的影子——考了科举才能做官，才能光宗耀祖。考科举靠的是什么？读书。

古时有“书中自有颜如玉”“书中自有黄金屋”这样的说法。为什么中国会独创这样一种考试制度，而同时期的其他国家却没有？他们没有考试选官制度，只有中国才有，这说明中国很重视读书人，所以想把他们选拔出来做官。为什么同时期的其他国家不这么重视读书人呢？源头又在哪里？这还要在科举考试之前去找。科举考试是从隋朝开始的，但隋朝之前就有重视读书人的习俗，才有可能产生科举考试制度。再追溯到春秋战国时期，追溯到孔子，我们的精神导师、思想源泉，你就会发现，他的价值观就是很重视读书。

《论语》里有个典故：孔子的弟子樊迟有一次向孔子请求想种庄稼。孔子说，种地我不如农民。樊迟又请求学种菜蔬，孔子说园艺我不如那些园丁，你不要问我。樊迟一走，孔子就在背后说樊迟的坏话，说他“小人哉”。学种地就是小人。孔子认为一个君子不应该去做这些低级劳动，而应该从事比较高级的精神活动——读书。为什么？他认为“耕也，馁在其中矣”，你种地种得再好也可能挨饿；“学也，禄在其中矣”，如果你做学问，俸禄、钱财就会在你的学问当中。有人就从这段话中引申出“书中自有黄金屋”“万般皆下品，唯有读书高”。因为我们的至圣先师是这样的价值观，他的徒子徒孙，世世代代的读书人就都接受了这个价值观。

孔子还说过“学而优则仕”。你学有余力就可以做官，不是学习成绩好就可以做官。这是易中天解释过的，我觉得这个解释比较合理。他这个“优”是悠闲的意思，你学得好，学有余力，又没事做，就可以去做官了。其实也有学习成绩好的意思。所以，中国人的主流思想确定为儒家思想的时候，孔子的这套价值观就完全地保存下来了。因此，中国人千军万马都要过高考这个独木桥，几乎每个家庭都很重视读书。在国外，中低收入家庭的家长就没有这么强的使命感和迫切感，不会像国人这样非得让孩子学习好。

这是我们的一个传统，你在最偏远的农村都会看到有的家庭督促自己的孩子好好念书。我觉得这是一个优良传统，是中华民族的核心竞争力。现在国外的学校特别欢迎中国留学生，因为他们发现中国人读书的愿望很强，外国很多人没有这么强的愿望。当然，我说的是整体现象，不要拿个别现象来反驳我，肯定有个别人读书愿望不强的，外国也有读书愿望很强的。如果我们读书的时候都有这样强的愿望和动力，再加上好的课程、好的教学方式、鼓励人们创新的教育体制，中华民族的复兴才真正指日可待。

三、为什么中国人重人情

一个人若为人处世不讲人情，只讲规则、只讲原则，在中国很难混下去。本来，规则面前、法律面前人人平等，但绝大部分中国人都会为人情留空间。所以我们中国才有很多外国人很难翻译的词，比如“关系”，英文应该怎么翻译？他们能理解这个意思吗？这是中国社会中普遍盛行的。比如朋友结婚，我没发现有人只送一束鲜花表示祝福的，大家都入乡随俗给礼金。我想，上至国家领导人，下至平民百姓，都会不约而同地尊重这些。

这个东西是怎么来的呢？我们从《论语》里面找一找。

孔子有一句话叫“君子成人之美，不成人之恶”。可以说，这句话是理解中国人为什么这么重人情这个问题的一把钥匙。中国人的一个美德就是成全，这是西方人少有的。分享是西方人和中国人都有的品德，但成全是我们中国比较独特的。什么叫成全？这里举个例子。

明朝有一个词人谢榛，妓院里唱评弹的艺妓都特别喜欢他的词。当时有个人叫孙穆王，他有一个爱妾特别喜欢评弹，又特别喜欢谢榛的词，碰巧有一次谢榛到他们这个地方来了，孙穆王就把他请到家里，然后把自己的爱妾请出来，隔着一个帘子弹谢榛的一首词。谢榛听了很高兴。孙穆王觉得很有意思，原作者和演奏者在一起，就索性把自己的爱妾请出来和谢榛见面聊天。谢榛很高兴，说孙穆王的爱妾弹的这些词还不是他的佳作，过两天他再送些上乘的作品来。过了几天他又把自己写的十几首词拿来，和孙穆王及他的爱妾一起交流。双方相谈甚欢，穆王就把谢榛留下来做客。后来他觉得还不过瘾，干脆把这个小妾送给了谢榛。因为他看到他们两个谈得很投机，就想成全他们。当然这里面有糟粕，女性怎么能赠送呢？这明显是反人类的。但是从中你可以理解什么叫成全。

这种行为就是孔子所倡导的成全，所谓“君子成人之美，不成人之恶”。“不成人之恶”是什么意思呢？比如，有同学站在走廊上挨老师的训，被训得很惨，你走过去盯着他看，这就不是君子所为。

这句话原文后面还有一句——“小人反是”。小人就不会成全别人，不会成全别人的好事。从这句话就可以看出来孔子是非常讲人情的。他讲人情到什么程度呢？可以到不守法的程度。比如这段话：

叶公语孔子曰：“吾党有直躬者，其父攘羊，而子证之。”孔子曰：

“吾党之直者异于是：父为子隐，子为父隐——直在其中矣。”

叶公对孔子说：“我的家乡有一个人，他的父亲偷了羊，他就向县官举报了，我觉得这个人很正直。”孔子说：“我们家乡的正直的人和你们不一样，我们是父为子隐。父亲干的坏事，儿子是要为他隐瞒的。同样，子为父隐。相互都要隐瞒，这就是正直。”孔子把亲情看得很高，亲人就算有不好的地方，也不要说出去，说出去了根本不会显得你正直，反而显得你不懂理、不正直。

所以，在孔子的价值体系中，血缘关系的地位相当重要，重要到甚至超过了法律。孔子的看法，我觉得局部还是对的。儿子去检举老爸犯了罪，怎么想也不对，怎么能这样做呢？但是现在的法律没有给人“亲亲相隐”的空间，你要是不检举那叫包庇罪，要判刑，现代很多法学家就针对这一条提出质疑，要求改革法律。《中国人民共和国刑事诉讼法》修正后就加上了一条——不能强迫直系亲属出来证明家人的犯罪行为。这非常符合《论语》中的精神，这就是中国特色，我觉得这个特色还是比较好的。孔子的意思是，不但不能强迫，甚至你也不要主动去告发。我们的法律是，不强迫但是你主动证明你父亲有罪我们也不反对，不会认为你不道德。中国古代的法律，一直到清朝，都延续了孔子的“亲亲相隐”的思想。有哪个朝代要求亲人检举的？秦朝。它大规模实行连坐制，所以秦朝的名声在中国历史上历来不好，被称为暴政，因为它完全违背了人情、人性。

孔子最推崇的就是礼，《论语》里面有很多关于礼的名言警句，如“非礼勿视，非礼勿听”，总之他的理想是要恢复礼，这是他一生追求的目标。但有时碍于人情他也会暂时把这个追求放在一边。《论语》里有这样一段话：

陈司败问昭公知礼乎？孔子曰：“知礼。”孔子退，揖巫马期而进之，曰：“吾闻君子不党，君子亦党乎？君取于吴，为同姓，谓之吴孟子。君而知礼，孰不知礼？”巫马期以告。子曰：“丘也幸，苟有过，人必知之。”

有个陈司败问，鲁昭公（鲁国的国君）懂礼吗？孔子说，懂礼。为什么有这一问呢？鲁昭公姓姬，他的妻子也姓姬，这就违反了礼。因为那个时代同姓不婚，同一个姓氏的两个人结婚是违背礼制的，违背了孔子的追求和目标。所以这个陈司败明知故问，他以为孔子会矛盾。但是孔子这么直接回答，陈司败就很不以为然，对孔子的学生巫马期说：“我听说孔夫子是主张君子不偏袒的，要坚持原则，而鲁昭公娶了一个同姓女，然后为了掩饰称她为吴孟子（因为她是从吴国来的），孔夫子明明知道鲁昭公违背了礼，还说他知礼，那究竟什么是礼啊？谁不知礼啊？”巫马期把这个意思转告孔子，孔子说：“我太幸运了，一旦有一点过失，天下人就都知道了。”他是认错吗？不是，他是嘲笑这个陈司败对礼的理解过于拘谨。因为孔子和鲁昭公私交很好，鲁昭公帮了他很多忙，所以他不能当着别人的面说鲁昭公的坏话，即使他心里认为鲁昭公是破坏了礼的，也不能当着别人面说。

除了孔子个人的人情，还有“臣为君隐”的意思。臣子要为君王隐瞒那些不好的事情，这才是真正的礼。他觉得陈司败是在断章取义，没有理解礼的精髓。所以孔子很反感那些对仁、礼机械教条的理解。他回答学生问题的时候答案都不同。孔子是见人说人话，见鬼说鬼话。孔子那里几乎没有标准答案。这也正是孔子被后人敬仰的重要原因，因为他给我们中华民族的精神当中注入了一个很有竞争力的精神叫“实用理性”。很实用，同时很理性。这是李泽厚先生发现的，他在《论语今读》里面表达了这样一个观点，我觉得非常对。所以孔夫子以下，大家都讲人情。客观上带来的后果是：法制经常有弹性，规则意识不昌盛。

四、为什么中国人推崇稳重

孔子是因时而化、因地制宜的，这有助于提高族群的生命力，但同时也带来了社会问题。一旦法制不畅行、规则意识不盛行，潜规则就会盛行。明面上我争不过你，我在台下和你竞争。争什么？关系、后门、人情。

我们中国人推崇稳重。我是什么时候发现的呢？读大学一年级的时候。那时我们班级选干部，辅导员就征求我们的意见。要选一个什么样的人做班长？辅导员的第一个标准是稳重，于是我们就选了班上岁数最大的那个人做班长。我读大学的时候17岁，他已经27岁了。辅导员觉得他27岁会很稳重，所以他可以当班长。后来我发现学生会的干部大多是这一类人，就是成绩不是特别好，但因为岁数比较大（可能补习了很多次才考上大学），他就能当官。像我们第一年高考就考上大学的往往被看作是不稳重的人，就成不了学生会干部。后来到单位，也是如此。

为什么我们评价人会有这样一个重要的尺度呢？在孔子那里也能找到根源。

孔子有三千门徒，其中有七十二贤人，在七十二贤人中，孔子最喜欢的是颜回。在他的学生当中，孔子对颜回的评价最高，说他是君子，理解了人的真谛。另外有两个学生孔子特别讨厌，一个是子路，一个是宰我（也叫宰予）。为什么他爱憎这么分明呢？因为颜回特别稳重，而子路和宰我特别不稳重。

《论语》里面讲到，有一次，子路派子羔去当一个地方官，孔子觉得子羔这个人不行，就和子路说："你派子羔去不是害别人吗？他没文化。"子路就说："那个地方有人民，有社稷，有城池，为什么一定要读书才算学习呢？"子路的意思是说，学习不一定是读有字的书，还可以读无字书，读生活和社会的书。子路这个观点，在我们今天看来，相当正确！但是孔子评价子路说："是故恶夫佞者。"孔子说子路是一个强词夺理、巧言令色的人，他非常厌恶这样的人。而实际上子路的这个观点是超越了老师的。

孔子对宰我的态度就更明显了。按照孔子推崇的礼制，父亲去世，儿女要守孝三年，期满之后才能出来工作和生活。所以古时候那些孝子要在父母的坟墓旁边搭一间茅草屋，孤苦伶仃地生活三年，然后社会上的人都会觉得这个人很好、很棒。宰我就觉得守孝三年这个规矩太拘谨了。他是怎么反驳孔子的呢？

宰我问："三年之丧，期已久矣。君子三年不为礼，礼必坏；三年不为乐，乐必崩。旧谷既没，新谷既升，钻燧改火，期可已矣。"

他说守孝三年，时间有点长。宰我给孔子提出了一个悖论：守孝三年不去习礼仪一定会废弃掉，所以他提出，不要守这么久，时间短一点行不行？

孔子没办法反驳，所以他虚晃一枪，说如果不守孝三年，你安心吗？他没想到宰我说安心。孔子就无语了，他说那你要心安你就那么做吧。但他很郁闷，只好说宰我不仁义。所以他特别讨厌宰我。所以有一次宰我白天睡觉被孔子给逮住了，孔子大发其怒，说他"朽木不可雕也，粪土之墙不可杇也"，这个人没救了，烂泥扶不上墙。

其实，我们用今天的观点来看，子路和宰我这两个人是很有思想、有质疑精神、有创建的。但是孔子不喜欢。他喜欢谁？颜回。下面这一段话很经典，说明了孔子为什么喜欢颜回：

子曰："吾与回言终日，不违，如愚。退而省其私，亦足以发，回也不愚。"

他说他和颜回聊了一天，颜回从不提反对意见和疑问，和他完全一致。看起来好像很傻，是愚忠，但是我下来观察颜回私下的举动，发现他对我那天讲话的精神不但领悟了，而且还有发挥。这就说明，他表面上没有反驳我，其实他心里面有主意，颜回不傻啊，他并不愚蠢。他就喜欢这样的人，你有想法但你不要当面跟我顶撞，不要跟我辩论，自己去发挥，要给老师留点面子。而宰我和子路是当面顶撞他的，当面让他难堪，让他下不来台，所以他特别讨厌这两个人，说他们是小人，而颜回是君子。

这个做法，从表面上看，是推崇稳重的人生态度，但其实对学问、学术是很不利的。为什么？设想一下，如果一个学生和孔子讨论问题，假如孔子说的和这个学生想的不一样，不便讨论，会是什么结果呢？可能是这个学生自以为是，他觉得老师是错的，他就按照自己想的去做。有可能学生是错的，他只是没有看到老师能够看到的东西，所以觉得自己是对的。但是因为没讨论，所以真理就发现不了。如果老师是错的，你不和老师讨论，这个危害就更大了，老师会以讹传讹。所以孔子这种有问题不讨论，为了给老师留面子，学生在私底下做的做法，我觉得不太好，推崇稳重不能到这个程度。

第五辑

好课堂来自平时的积累

我的阅读体验

对于阅读，我个人有这样一些体会。

一

先得把读书作为自己的生活方式。读书大致有两种方式：一种是躺在沙发上，喝着咖啡、吃着零食读书；还有一种是正襟危坐，必须集中全部注意力，这种读书叫作“啃”。这两种读书方式都有必要，然而我们常常缺乏的是“啃”，因为“啃”比较辛苦，但是正因为很辛苦，“啃”下来的收获会比较大。那些凝聚着前人智慧和精华的著作是没有办法躺在沙发上看的，是需要我们屏住呼吸、全力以赴、认认真真去看的。而且有的时候也看不懂，但是一旦坚持下来，我们就会发现自己的认识水平不知不觉就有了提高。很多人不太喜欢看理论和学术书籍，我个人觉得这是很大的缺陷。如果我们能够静下心来，啃一些理论和学术方面的经典著作，不仅会提高我们的见解和认识，更会让我们上课的状态不一样。这也是读理论书籍的实用价值。

在我二十多年的教学生涯中，如果说我还有那么一点被学生所认可的话，得益于我啃了几本经典。在大学的时候，我就看了一些大家不太爱看的西方哲学及经济学书籍，这对我以后的教学生涯影响很大，使我始终能够不是在一个狭窄的历史圈子里面来教历史、看历史。我当时读孟德斯鸠的《论法的精神》、萨缪尔森的《经济学》等书，做了很多读书笔记。这些书真不是一天两天就能够看完的，是一天只能够看一章，只能慢慢看，看不懂的反复去琢磨。啃，真的是很有必要的。我第一次读萨特的《存在与虚无》，看了半天，一段都没有看懂，然后我就想放弃。后来我跟我的哲学老师闲聊的时候，提到了这件事，我说太难看懂了，要不等以后我阅读能力提高了再来看？当时我的老师给了我一个建议，让我终身受用。他说，看不懂是正常的，关键是你要继续坚持，反复看，总有一天你会看懂一句，总有一天你会看懂一段，总有一天你会看懂一页，若习惯了这种艰难的阅读，对你以后思想成长大有益处。他说他当时读大学的时候，看哲学书籍也看不懂，但是坚持下来，习惯了那些专有的名词、概念，习惯了它的晦涩，时间长了，突然有一天就豁然开朗了，觉得自己好像理解力提高了。所以我就坚持了下来，这就使得我在阅读的过程中能够涉猎哲学、政治学、经济学等方面的书籍，这些书籍对我的教学影响也很大。

还有一个比较快捷的办法，就是如果有些书我们实在是读不懂，但是又觉得这个书很重要，必须读，怎么办呢？可以找陪读。“陪读”当然不是一个书童，而是找读过这本书的一些比较睿智的学者，找他们对这本书的评价和介绍。本来最好的办法是直接读原著，退而求其次是读别人的介绍，通过别人介绍了解这本书的魅力，来点燃自己，之后再去读原著。这可以算是一条捷径。

二

在大数据时代，阅读正在发生革命。传统的正襟危坐式阅读正被马桶上的阅读、移动互联网视频、公交车上的阅读和自驾时的听书等碎片化阅读方式取代。人们获取知识和信息的方式发生了翻天覆地的变化，书籍正被视频取代，用眼睛看书的方式正在被耳朵听书的方式所冲击。

我现在就很少看大部头的书，一是因为很难挤得出整块时间，二是因为视力下降太快，已经配了两副老花镜。不过，有些艰涩而信息量大的书却又是人所必需的，怎么办？一是看视频。最近刚看完兰州大学公开课的海德格尔思想研究讲座，终于搞清了人为什么需要“体验思的在场”。看累了，打个盹，醒了接着看。若没看懂，就倒回来重看。吃饭时看，做菜时听，还不耽误做家务。这还是因为我一个朋友送了我一个小米盒子，小米盒子把电视屏幕与互联网连接起来，给了我很大的方便。互联网上有大量的公开课和纪录片资源，我很喜欢看对话类节目，比如，财新传媒总编辑胡舒立与柳传志、王石、俞敏洪等人的对话。听聪明人聊天是人生最大的享受！

除此以外，就是听书。我喜欢开车时和睡觉前听书。以前一堵车，心里就烦得不得了，恨不得把前面的车撞开。堵车时什么都干不了，不能打瞌睡，不能看书，不能运动，世界上没有比堵车更无聊的事情了。自从有了听书软件，心情就平静了，虽然堵，但俺有事儿做。霍金的《时间简史》我大多是在堵车时听完的。听书的好处是，可以随时走神儿，音响一直播放，今天没听懂，明天再来，没有进度，不需要计划，反正用的是垃圾时间。

开车时，不建议听小说一类书籍，因为小说的信息量太小，重复听容易乏味，而哲学、科学类的书籍的优点是，可以反复听而不乏味。因为每次听的时候，都有很多概念和论断不理解，都为下一次重复听留下了空间。

另外，锻炼身体时也可以听书。比如，从海淀区的北太平路走到石景山万达广场，单程五公里左右，钱穆的《中国历代政治得失》可以全部听完，勒庞的《乌合之众》可以听完一半，波普尔的《开放社会及其敌人》能听三分之一。许多经典的书籍我就在锻炼的过程中得到了复习。

总之，阅读的碎片化和多样化适应了现代人的生活节奏，降低了阅读门槛，促进了知识的传播。唯一的问题是，视听资源还不够丰富，缺少专业大公司来做书籍的视听资源，把平面信息变成立体信息还有很长一段路需要走。

读经事小，利益事大

国学热的当下，又有很多人鼓吹读经。真相如鲁迅先生在《十四年的“读经”》一文中说的那样：“‘读经’不过是这一回要把戏偶尔用到的工具。抗议的诸公倘若不明乎此，还要正经老实地来评道理，谈利害，那我可不再客气，也要将你们归入诚心诚意主张读经的笨牛类里去了。”

一

我是反对读经的。为什么呢？倡导读经的人主张儿童读经，主张以课程的形式让儿童接受“四书五经”的教育，目前一些私塾、书院正是这样做的，看来要体现蒋庆所说的“通过读经使中国文化复兴”必须从娃娃抓起。这也太恐怖了！这完全是反教育学的做法。儿童认知的规律是：看色彩——听故事——画图形，符合这个认知特点的教育才是有效的、健康的，否则就是粗暴地安装思想插件。“四书五经”既没有故事的趣味性，也没有色彩和图形的丰富性，讲的是做人做事的道理，一条一条就像学生守则，事实上，这些条款比学生守则深奥得多，即使成年人也未必清楚其含义，比如，于丹对《论语》的理解跟很多学者就不一样。如果出现这样的一幕就实在太可怕了：在一个阳光明媚、鸟语花香的清晨，一群儿童整齐地坐在教室里，齐声诵读“子曰：民可使由之，不可使知之”，或者“饿死事小，失节事大”。我想问主张读经的人，你们要干吗？

怎样才能扼杀儿童读书的兴趣？让他们读经吧。在晚清的老照片里，中国儿童缺乏外国儿童的活力和天真，眼神一律的空洞，表情一律的呆板，个个都像受气的小媳妇儿，这是怎么形成的呢？大都是“四书五经”给祸害的。其实，那时的成年人的神态气质也是呆板的，只是表现在孩子身上显得特别触目惊心。我特别希望主张读经的人士多看看晚清的老照片。

有人可能会拿颜回、朱熹、王阳明、曾国藩等成功人士来反驳我，“你看，读经也会读出智慧人士嘛！”我承认这些人都很聪明、有智慧，并没有把脑袋读成糨糊。问题是：第一，这些人的出现是小概率事件，更多的读书人变成了孔乙己式的人物；第二，说他们有智慧只是相对于孔乙己而言，而将其放在世界学术的平台上，他们的海拔比苏格拉底、柏拉图、亚里士多德等人就差了很多。如果读经真的能够像蒋庆所说那样能复兴中华文明，那我们的传统文化在1840年以后就不应该衰落。为什么儒家文化会衰落？很简单，不适应社会发展的需求了，就像鲁迅所讲的“古国的灭亡，就因为大部分的组织被太多的古习惯教养得硬化了，不再能够转移，来适应新环境”。如果那时儒家经典是适应社会的，它就不会走下坡路，也就不需要复兴。

二

儒家的经典为什么不能适应新的形势了呢？日本人对此看得很清楚，并回答了这个问题。日本人吉田茂在《激荡的百年史》一书中，讲到“明治维新”时说道：“所谓文明本来就是一个整体，并不能单独使用它某一部门的科学文明。例如，为了要采用西方的军舰和武器，就必须建设生产它的造船厂和兵工厂；而为了能够有效地发挥造船厂和兵工厂的技术，又必须使构成其基础的经济活动顺利开展。于是，这便同以追求利润为不道德的儒家伦理发生了矛盾。因此，要拥有军舰就不能不使该国的文化深受影响。”

这段话反映出19世纪的日本人意识到了儒家文化已经不适应社会，所以他们要“脱亚入欧”，摆脱儒家文化的束缚。结果，日本一举改变了面貌，走上了强国之路。但我以为当时的日本人对儒家文化弊病的认识还不够全面。

儒家文化固然有一些非常合理的做人做事的原则和信条，直到现在仍然很精彩，比如，“己所不欲，勿施于人”“见贤思齐焉，见不贤而内自省也”等，但这些精彩掩盖不了儒家的两大致命缺陷：第一，不重视个体；第二，不重视逻辑。这有什么后果呢？不重视个体，所以没有民主；不重视逻辑，所以没有科学。如果近代中国没有打开国门，我们仍然在一个封闭而独立的儒家文化体系下，那么也许今天我们都没有民主意识和科学精神。当然，如果硬要说，1840年正是儒家文化破茧重生的时刻，即使没有西方文明的碰撞我们也能够独立地产生科学和民主，西方文明只是恰好赶在了节骨眼上，于是给了我们一个错觉，仿佛民主和科学是欧风美雨的产物，那我也无话可说。

在我看来，经典和经典之间，经典与现实之间，都是需要对决的，没有永远的经典，只有永远的“为人民服务”的目标。只要能够服务于人民的幸福这个最高目标，无论是儒家经典的教诲、外国经典的启示还是现实的新经验，我们都应该接受；反之，都应该反对。一方面，既不要丑化别人的好东西而美化自己过时的东西；另一方面，也不要厚古薄今或者厚今薄古。应该很自然地把中国传统的经典平等地放在文化的超市里面，供顾客选择，你可以客观介绍其功效和副作用，但不能忽悠顾客说，不用我这个产品你就会暴病而亡。蒋庆的“亡经典就会亡文化，亡文化就会亡道德，人就沦为禽兽夷狄之行”的说法，纯属虚假广告，夸大了经典的疗效，有误导消费者之嫌，工商局应该出面打假。

其实，主张读经的人是聪明人，他们未见得真的跪倒在经典下，未见得真的认为今不如昔（蒋庆说，一部中国近代史，就是逐渐亡文化的历史），未见得真的像他们所声称的对古代文明很向往，有一块试金石可以检验真伪：你愿意回到1840年以前吗？你愿意把自己的孩子送到那些儒家经典兴盛的年代去生活吗？

我读《旧制度与大革命》

我谈这本书不是赶时髦，我们学校的高中《历史（一）》里面“法国大革命”一章中，就节选了《旧制度与大革命》中关于“中央集权对法国大革命爆发起到了推波助澜的作用”的材料。我们编教材的时候比这本书火起来更早。

一

这本书能够“热”，因为它确实是一本经典。我们学校的《历史（一）》把这本书的片段编入了教材中，也是鼓励学生顺藤摸瓜，去扩大自己的视野。

为什么说这本书好？

它的史实很靠谱。但这本书更为难得的是什么呢？它不是一个学者纯学术的研究，而是一个有着丰富从政经验的高级官员，运用他的学术工具来剖析历史的一本书。从政的背景对托克维尔写这本书很有好处。他是贵族，又曾当过法国的外交部长，既有官员的视野，又有学者的学识，这使他在评价法国历史的时候，往往能够点穴到位。

那么这本书有什么亮点呢？

我觉得第一个很特别的地方，就是“托克维尔悖论”。

作者讲过这样一句话：“对一个坏政府来说，最危险的时候不是它最糟糕的时候，而是它开始改革的时候。”那我们就困惑了，一般来说，一个坏政府最危险的时候是它统治最糟糕、民不聊生的时候，历史上有很多这样的证据：秦始皇暴政，人民活不下去了才起义；中国古代历次农民起义，基本都符合“哪里有压迫，哪里就有反抗”这样一个规律。但是托克维尔从他的视野、他的角度发现，有些类型的革命和反抗并不是这样的，而是这个国家，比如法国，正在向好的方向发展的时候，经济开始繁荣的时候，反而容易爆发革命。

我个人认为，两种革命类型都存在。不等于说托克维尔正确就否定了传统的“哪里有压迫，哪里就有反抗”，同样另外一种情况也不能否定托克维尔的观察。为什么经济繁荣的时候，反而容易发生革命呢？

二

我思考这个问题的时候，想到了这样几点。

第一，经济繁荣就往往意味着贫富差距会拉大。过去很穷，蛋糕很小，大家都是平等的穷，所以相安无事。反而贫富差距扩大的时候，特别容易爆发各种社会矛盾。

第二，就是中产阶级在壮大。原来比较贫穷的时候，没有一个中产阶级。随着经济的发展，中产阶级力量开始强大，于是产生政治上的诉求，这是普遍的规律。法国革命的领导者其实并不是那些吃不上饭的穷人，而是丹东、罗伯斯庇尔这些律师，还有一些小业主和商人。其实，他们的日子比下层民众好多了，但是他们在政治上无权。所以，他们会有很强烈的不满。

托克维尔这本书在回答法国大革命为什么会发生的时候，讲了很多缘由和分析，但是概括起来，就是三个字：不平等。不是说大家的处境绝对地恶化了，是因为不平等的感觉扩大了。

人要产生反抗现行体制的冲动，一是绝对的处境恶化，二是相对的处境恶化。事实上，前者在现代社会已经不多了。比如“阿拉伯之春”，北非的大多数国家其实比东非、西非国家都更富裕，但北非爆发了革命，非洲内陆国家却暂时平静。不是说北非人民的绝对处境糟糕，是因为他们有一种被剥夺感，有不平等感。

这种感觉是怎么产生的呢？我觉得一方面是客观上贫富差距在拉大，另一方面，还同人的观念变化有关，我们称之为启蒙思想的产生，而法国大革命就是这样一个阶段。法国在革命之前，经历了启蒙运动。启蒙运动往往通过沙龙文化、咖啡馆文化将启蒙思想传递给各阶层的人，包括这些比较富裕的中产阶层。他们突然意识到，这个社会对他们是不公平的。第一，他们在政治上没有权力，无论怎样努力，也不能在巴黎贵妇人的咖啡馆客厅里有一席之地，因为等级是世袭的。小说《红与黑》讲于连的梦想就是要千方百计打入贵族阶层，弄一个贵族的封号。当时法国没有一个选拔人才的垂直通道，人才的流动被特权阶层堵塞了。因此，类似于连的知识分子，包括一部分资产阶级，他们是很绝望的。

当时法国介入了美国的独立战争，还有之前和英国打的七年战争，国库欠下巨额债务，财政入不敷出。在这种情况下，当时解决财政问题的唯一办法就只能是收税。

向哪部分人收税呢？路易十六首先想到的是特权阶层，就是贵族、教士阶层。法国这个特权阶层不太明智。这些阶层很有钱，却从不纳税。

路易十六的想法应该是比较合理的，但是他几次进行财政改革，试图向特权阶层征税，都被以他的弟弟为代表的特权阶级给顶回去了。于是，他召开三级会议，拿出这个问题讨论，意思是说，你们这些中下层应该承担这些义务。这一下就把这个干柴给点燃了。本来大家被剥夺的感觉就已经很强烈了，已经对你这个特权等级很不满意了。现在你依然要捍卫你的特权，却不愿意做一点点让步。于是大家就群起而攻之，革命就爆发了。

这段历史和中国很相似。辛亥革命的时候也是如此，已经造反了，清政府没钱打仗，收税来不及。于是隆裕太后，溥仪的母亲，把大臣召来，要王公贵族出点钱，好歹把这一关过去，把武昌的起义给镇压下去，回头再想办法还钱。结果贵族的答案是“没钱”，一毛不拔。结果武昌起义蔓延，王公贵族也和清王朝一起覆灭了。

面对革命，法国的特权阶层极其没有远见。这个看法后来我还找法国人证实了。2014年，我参加一次学术活动，有两个法国的汉学家也参加了这个学术活动。我就问这两个法国人：“你们法国人是怎么看待法国大革命的，你们是持肯定态度还是否定态度？”他们说：“我们法国人认为这是一件好事。”这很出乎我的意料。因为我们从20世纪90年代开始，在中国学术界兴起了一股叫“告别革命”的反思。从李泽厚开始，还有朱学勤，他写了一本《道德理想国的覆灭——从卢梭到罗伯斯庇尔》，掀起了一股反思革命、告别革命的热潮。我们觉得革命带来的副作用很严重，这在中国学术界已经有共识了。但是法国人却不是这样看的，他们觉得革命总的来说是好的。

我就问为什么。他们说，因为法国贵族很不明智，不愿意让渡哪怕一点点的利益，逼着第三等级起来革命。因为你不愿意让步，这个问题就是一个死结，解决不了，所以只有唯一的出路——革命。

其实，当时法国的君主路易十六是一个非常好的人，仁慈、宽容，直到他最后上断头台的时候，都没有动用一兵一卒来镇压革命。路易十六是一个想改革的，甚至有点软弱的君主，后来判刑的时候说他是一个暴君，其实这是扣的一个帽子。和他的祖先路易十四相比，他的性格软弱得多。路易十四才是一个雄才大略、性格很刚烈的君主。

其实，在应对复杂的国内局势的时候，一个仁慈、软弱的君主是不合适的。一个仁慈、软弱的统治者适合和平有序的年代，但是在历史的十字路口，改革要闯关的时候，一个软弱、温和的统治者可能会给国家和他自己都带来灾难。当时需要一个有魄力的人物，才能够把法国这艘船带出当时革命的洪流。

三

那么，经济繁荣与革命是否存在因果关系？我认为，两者之间没有因果关系。

第一，当时危机已经很严重了，改革又没有改到点上，从而导致危机的爆发。由于在时间上，改革在前，危机爆发在后，于是人们认为这两者有因果关系。如果路易十六不改革，一样会爆发危机，一样可能导致革命。他的财政有巨额赤字，入不敷出，怎么解决这一问题呢？如果他摆不平，他始终会有这种危机。实际上，应该说是改革和危机在赛跑，如果改革的方式或者改革的速度没有跑赢危机，危机就会提前到达终点。

第二，托克维尔也讲到了，下层民众为什么有这么高的热情，卷入到革命的洪流中去？他分析了当时社会各个阶层的情况，其中他谈到农民的介入。为什么农民很有热情呢？因为法国当时也处于城市化的过程当中。农村但凡有点才能的人都进城了，剩下的往往都是受教育程度很低、素质不那么高的人。然后，这个地方（农村）就被法国给遗忘了，这个阶层处于孤独和失语的状态。没有人理睬他们，他们的声音和想法传导不到舆论层面，于是这个阶层中间有大量比较绝望的人，他看不到未来和希望，感觉被抛弃、被边缘化了。这些人就成了革命的主要力量。托克维尔的原话是这样说的：“将某一社会阶层推入孤立、失语的困境，很可能就等于把他们推向了革命。”

一个社会如果很多人感觉造反的机会成本很低，这个社会就会很危险。一个社会让很多人感觉造反的性价比很高，这个社会就一定会动荡。

第三，托克维尔还有一个分析，就是法国大革命采取非常暴力的方式是怎么形成的呢？托克维尔认为，这是法国专制政权教给百姓的。他有这样一段话：“路易十四以后的朝代中，政府每年都现身说法，告诉人民对私有财产应持轻视态度……（公共工程中）被破坏或毁掉的财产总是迟迟得不到赔偿，赔偿费由政府随意规定，而且经常是分文不赔。”政府教大家不尊重个人权利，所以造反的时候，贵族、国王的权利也得不到保证。

四

大革命之所以有这么大的破坏性，托克维尔认为原因就在于不自由，平等先于自由，自由的位置沦丧了。而为什么自由得不到保障呢？是因为路易十四以来的法国政府的所作所为就是蔑视公民的个人权利和自由，不尊重私有财产和其他的自由权利，所以革命者也会如法炮制。

这点有时让我觉得很荒诞。我们现在的教材，无论是语文、历史还是政治教材，对革命总的来说还是讴歌的，特别讴歌那些彻底的、疾风迅雨式的革命。其实，我们最好是在教科书里，理性地探讨革命。

托克维尔给了我们一个很好的启示，就是自由和平等的关系。我们一般认为，自由和平等是一回事，其实，它完全是两回事。平等是每个人都有政治上公平的权利，包括选举权、被选举权、投票权等。自由是什么？自由是保障每个人合法的权利不受到多数人的侵犯，当然也不受到少数人的侵犯。

罗斯福提倡“四大自由”：言论自由、信仰自由、免于恐惧的自由、免于匮乏的自由。伊赛亚·伯林将自由区分为积极自由和消极自由。

我觉得这个区分很有必要，我们一直搞不清楚什么是自由。为什么托克维尔这么强调自由，把自由放到平等之前？因为只有有自由，才能防止暴政。而暴政有两种形式，一种是少数人对多数人的专制，另外一种是多数人对少数人的专制，这是民主的暴政。民主也会有暴政。消极自由是什么呢？消极自由是我有不做什么的权利，积极自由是我有做什么的权利。

消极自由是当时的法国所没有的，比如，不积极参加革命的权利、不批斗贵族的权利、不说谎话的权利等。

其实，我们最应该捍卫的自由是消极自由，我有不做什么的自由，这是最基本的自由。大革命的时候，要是对罗伯斯庇尔不表态支持，那你就是敌人，没有中间状态。

而积极自由若运用不当，极有可能会导致专制。积极自由是做什么事情的权利，如果过分鼓吹做什么的自由，极有可能导致多数人对少数人的专制。

其实，罗伯斯庇尔是一直主张平等的，一直奉行的是公共意志至上。用今天的话说，就是他要为人民做很多好事。罗伯斯庇尔这个人是很廉洁的，不是那种贪污腐败分子，而且勤于政事，特别仇恨不平等，非常想为法国人民谋福利，但他对积极自由过度推崇，导致了多数人对少数人的暴政。

而英美国家比较稳定有一个很重要的原因，就是它们特别重视消极自由。不管有多少人站在你那一边，我有不站在你一边、不做那件事的自由，而且不被歧视。有对消极自由的捍卫，才会有罗斯福的免于恐惧的自由、免于匮乏的自由的说法，所以美国宪法在表达基本人权时，用了许多否定句式，以限制政府权力来保障公民的自由。有对积极自由的争取，才会有民主；有对消极自由的保障，才有宪政。托克维尔看到了法国大革命的问题所在，但是他没有找到解决问题的方式。

托克维尔认为“追求自由比追求平等更重要”。这一点，我想可能会产生分歧，我们可能会把平等看得比自由更重要。因为我们没有真正理解什么是自由。

查韦斯时期的委内瑞拉就是平等优先于自由的例子。

查韦斯自称是社会主义者，他强调平等，所以实施石油国有化、资源国有化的政策，要让人民都平等享有财富，要缩小贫富差距，打击大资产阶级。他用政府的行政手段来推行他的理想，这很对中国人的胃口。但是委内瑞拉的精英阶层在查韦斯上台后，纷纷办理移民手续。如果一个国家的精英阶层流失掉，这个国家怎么发展呢？委内瑞拉已经流失了很多这样的人才，由于委内瑞拉高水平医生的大量流失，查韦斯治病都不得不去古巴。

委内瑞拉人民之所以在查韦斯上台后收入大幅增长，主要的原因在于石油价格在他上台后上涨了几倍，而委内瑞拉目前又是全世界已探明石油储量最多的国家，超过了沙特阿拉伯。如果不是运气好的话，他的政府早就崩溃了。蛋糕还没做大，怎么能一下子解决平等问题？而要做大蛋糕，就必须尊重个体自由，有自由才有创造力。从这个角度看，我们首先强调效率，把蛋糕做大，这个思路是很对的。

五

改革是需要冒政治上的风险的，这就需要有魄力的政治家了。

我们十一学校的课程改革，其实一开始也没有达成共识，大家还是有怀疑的。领导层觉得大方向是对的，看准了，必须要做，鼓励先进，允许落后，然后慢慢大家尝到了甜头，觉得是对的，于是在改革的过程中，大家达成共识。其实，既得利益阶层也要看到这一点，必须要有一个铁腕人物出来推动深水区的改革，推行之后，会发现自己出让了部分蛋糕，但得到了安全感。这样，对双方其实都是最好的。

每个人在世界上都是孤独的
——读《月亮和六便士》

很久没看到过如此好的小说了。很幸运，没有在30岁以前读这本书。如果那时读这本书我可能会把它看成一个天才跟三个女人的故事，可能会忽略毛姆对人性的洞见和杰出的叙事艺术，可能会恼火毛姆未对人生困境给予清晰的答案。如果那样，就把这本书糟蹋了。很长时间以来，在我心里，小说基本等于白痴和矫情的代名词，我总觉得自己能透过作者自以为无懈可击的叙述看到他的心虚和幼稚。我想，我已经过了被情节打动的年龄。

昆德拉之后（当然以我接触的时间为序），还有可以读的小说吗？毛姆以显赫的姿态站立在昆德拉身旁，用肯定的表情回答了我的问题。这让我的内心充满了感激——又可以读小说了。与其说这是一个关于天才的故事，不如说是关于世俗生活与真实自我较量的传奇。对有些人来说，他们永远处于战争状态，永远处于自己和摹本打架的状态，本来的我与模拟的我，谁是自己面世那张脸？自己能分得清吗？我知道，大家喜欢探究人生但不喜欢哲学地探究人生，所以评价《月亮和六便士》，最好从七情六欲出发，使每个人都能插上话。

有一个男人，他叫思特里克兰德，这是一个令人讨厌的名字，太长，无法建立画面感，于是我直接把他想成高更。毛姆就是以高更为原型写的这篇小说。思特里克兰德，男，四十多岁，股票经纪人，生活在伦敦，有一个完整而主流的家庭，妻子漂亮、贤惠、忠诚，儿女健康，生活富足，不用交房屋按揭，总之，是今天生活在北京、上海的白领们追求的理想生活。但是，在思特里克兰德看来，这种生活算个屁！有一天，在留下一张纸条后，他突然离家出走，声称永不回家。理由很简单，他不想被打扰，他要画画。一个体面的中年男人开始混迹于巴黎贫民区。说实话，看到这里我被震撼了，像这样对世俗生活如此蔑视，我还很少在其他人身上看到过，用毛姆的话来说，“他完完全全地过着一种精神生活”。

思特里克兰德的第一个女人是大多数男人理想中的女人。她出身官宦人家，既善于持家又热爱文学，既落落大方又保持着少女的纯真，对思特里克兰德十分尊重和包容。抛弃这样老婆的男人不是“杂种”又是什么？但这是一个令人景仰的“杂种”，一个为了手指尖的梦想而放弃了全世界的“杂种”。当她以为自己被抛弃是因为思特里克兰德有其他女人的时候，她虽痛苦但不绝望，她以宽容之心请求思特里克兰德回家，但是当她知道思特里克兰德不是因为女人而出走时，她绝望并仇恨，因为她知道为理想而出走的人是无法挽回的，理想的吸引力远远超过任何女人，她斗不过思特里克兰德的理想。这种绝望是终极绝望，是死后没有来世的那种绝望。

思特里克兰德的第二个女人是勃朗什，本是他的朋友施特略夫的妻子。她抛弃丈夫和舒适的生活，坚定不移地跟随思特里克兰德。思特里克兰德跟朋友兼恩人的妻子私奔，始乱终弃，最后这个女人为他自杀。在这一事件当中，思特里克兰德的道德虚弱再次呈现，用中国式的语言来说这叫作道德极其败坏。问题是这么一个道德败坏的人却不让人讨厌，为什么？毛姆说得好：“你不能谴责狮子的残忍。”思特里克兰德的坏是公开和诚实的，他说：“我只懂得情欲，这是正常的，健康的。爱情是一种疾病。”事实上，勃朗什并不后悔，即使思特里克兰德将她当作情欲的工具她也心甘情愿。丈夫施特略夫乞求她回家并答应既往不咎，这在她看来只是增加了她对他的轻蔑和厌恶。我想，这是一个为爱情而活的女人。不幸的是，她嫁给了一个自己并不爱的男人。更不幸的是，当她以为找到了爱情时，对方却是一个天才，一个不希望有任何约束的人，一个完全不按常理出牌的人。

之所以不按常理出牌，是因为思特里克兰德对女人有跟多数人不一样的认识，大有尼采和卢梭的遗风，他说："要是一个女人爱上了你，除非连你的灵魂也叫她占有了，她是不会感到满足的。因为女人是软弱的，所以她们具有非常强烈的统治欲，不把你完全控制在手就不甘心。女人的心胸狭窄，对那些她理解不了的东西非常反感。她们满脑子想的都是物质的东西，所以对于精神和理想非常妒忌。男人的灵魂在宇宙最遥远的地方遨游，女人却想把它禁锢在家庭收支的账簿里。"

什么是爱情？我也不知道，我只知道爱情应该给人自由感而不是囚禁感，从这个角度来说，我完全理解思特里克兰德的选择——摆脱以爱为名的绑架。一男一女，二人世界，若不以自由和惬意为前提，爱的紧张和束缚必会窒息那些人类当中最具想象力的心灵。爱，先是一种评估，评估你自己愿意为欢娱支付多少自由。不是所有的人都像马斯洛声称的那样把安全作为第一需要，对许多人来说，自由才是第一需要，这在艺术和思想领域尤其突出。天才往往追求自由，庸人往往追求安全。

思特里克兰德的第三个女人，是他的第二任妻子，南太平洋小岛上的土著女人。世界上有鸟就一定存在天空，世界上有最自由的心灵，那就一定存在包容它的海洋，土著女人就是思特里克兰德的海洋。也许有人会说，只懂得服从丈夫、照看孩子的一个文盲跟思特里克兰德之间的感情叫爱情吗？如果你有这样的困惑，我想是你骄傲了，你下意识地把爱情限制在文明、文化、志同道合一类东西的范围内。人类最大的错误之一，是发展出一套语言和思维系统来抑制源于奉献和情欲的本能，并把这套系统作为感情的筛选机制，把本质筛选掉，剩下矫情和扭捏。艺术家的使命就在于提醒人们注意人类正在失去的本真和激情，减缓人类情感和嗅觉衰减的速度。我想，文明人的爱情最终将走向自娱自乐。

即使思特里克兰德找到了自己的海洋，我认为他仍然是孤独的，不然他不会临死前叮嘱烧毁他为自己一直苦苦追求的幻想而创作的伟大作品，他知道自己注定永远无法与这个世界沟通。事实上，我们每个人生在世界上都是孤独的。每个人都被囚禁在观念的铁塔里，只能靠一些符号同别人交流自己的思想；而这些符号具有歧义，因此它们的意义是模糊的、不确定的。大多数时候，我们只能孤独地行走，尽管身体互相依傍却并不在一起，既不了解别人也不能为别人所了解。

文科老师应该读什么书

我总觉得，只读文学的语文老师不是真正的好老师。我和语文老师打了很多年交道，在我看来，总的来说，语文老师是文科各科老师中素质相对较高的。所以，我愿意在网络中、在现实中和语文老师扎堆。

但是我发现语文老师说话、写作都有一个共同的特点，尤其是写作的时候，就好像在讲话之前，先要干咳一声，然后正襟危坐地抒情。在我看来，就略微有那么一点点酸。文章写出来，有学生作文的痕迹。这不是个别现象，在一定程度上有普遍性。为什么会这样？

然后我又发现，现在文章写得好的，往往不是学中文出身的，而是学法律、学哲学、学历史的人。为什么？因为他们并没有为写作而学习写作，他们有一个广阔的人文视野，是自己思考问题有所得、有所感，然后自然地流露表达出来的东西。那就是有生命力的、活生生的。

一

我们作为文科老师要读哪些书？应该具备什么样的知识结构作为支撑？以我个人的阅读体验和写作体会，我觉得各个领域都可以涉猎。尽管我们不是那个领域的专家，但是我们可以涉猎，了解一些常识。

比如经济学，说起来好像很专业，但它和我们的知识视野是有关系的。就我的阅读体验来说，高中时我们学的是马克思主义政治经济学，是生产力决定生产关系、经济基础决定上层建筑。当时我就很困惑，为什么我们国家的经济不好？带着这个困惑，我在大学里阅读了凯恩斯的《就业、利息和货币通论》，尤其是读了萨缪尔森的《经济学》，我才第一次真正理解什么叫经济学、什么叫股票、什么叫利息、什么叫边际效用递减规律、什么叫积极的财政政策、什么叫宏观调控……

这就使我在以后的教学过程中多了一个支撑。只要涉及经济学相关的东西，我的思考跟别的老师可能就不一样。

比如，讲1929到1933年的大萧条，讲这次危机发生的背景、原因，有这个经济学的知识背景做支撑，我讲的时候就比较占便宜，就比没有这个知识背景的老师稍稍要透彻一些。学生就会觉得老师不是教条地照搬教科书，而是在对一个经济学现象做活的分析，他就感兴趣。

还有哲学。无论教哪个学科，我觉得都应该有一定的哲学素养。我认为，当我们从哲学概念的障碍中走出来，进入哲学的精神领域时，我们的思辨能力、对问题的抽象能力，就会有很大的提升。打个比方，哲学素养就像一个望远镜，有了它你可以看得比别人更远；或者是一个显微镜，有了它你可以看得比别人更细、更深邃。因为哲学是一门高度抽象的学科，被称为“科学之科学”。

我十几岁的时候，只是背诵哲学的一些概念。后来进入大学，才发现它是一个很好的、训练我们思维能力的工具。为什么对同一个问题的看法，有的人肤浅，有的人深刻独到，有的人看得近，有的人看得远？除了见识，还和这个人思考问题的方向、逻辑及抽象思维能力有关系。

我们语文老师解读一个文本，要体现你的独到之处，但又不是“为赋新词强说愁”，是你发现别人没有注意到但确实存在的东西，这个能力从哪里来？就是从你的思考和洞察中来。这个洞察就必须要有哲学训练。

比如，我记得马克思主义哲学中第一个概念就是物质。什么是物质？物质就是不依赖于人的主观意识，而又能为人的主观意识所反映的客观存在。读高中的时候我就只是背下来这个概念，究竟什么是物质，物质和现实中的桌子、椅子、金钱究竟有什么区别，我还是不太懂。只是答题的时候我知道要这样答。但当我在大学里真正读了几本哲学书之后，比如，叔本华《作为意志和表象的世界》、萨特的《存在与虚无》，我发现自己有了一点小小的进步，至少我的抽象能力好像有了提高。

所以有人把读书叫作啃书，我觉得这个说法很贴切，尤其是在读哲学书籍的时候，没有那种一目十行的阅读快感，没有具体的情节，你必须一句一句去啃，熟悉它的表达方式，熟悉它思考问题的方式。啃书很不舒服，但是坚持下去，习惯了就好了。

二

以下是我觉得值得看的一些书：

[思想类]

• 孟德斯鸠《论法的精神》

《论法的精神》是法学发展史上为数不多的鸿篇巨制。它以法律为中心，又遍涉经济、政治、宗教、历史、地理等领域，内容极为丰富。《论法的精神》中提出的“追求自由”“主张法制”“三权分立”等理论，极大地影响了人类社会的发展进程，成为了美、英、法等国的立国之本。

• 林达《历史深处的忧虑》《总统是靠不住的》《我也有一个梦想》《如彗星划过夜空》《带一本书去巴黎》

林达的书是最通俗易懂讲政治常识的书。

• 本尼迪克特《菊与刀》

《菊与刀》的前身是一份研究报告——作者受美国战时情报局委托写的有关日本的研究报告。后来在原报告基础上加上前后两章，即成此书。此书于1946年出版后反响巨大，成为日本最畅销的图书之一。因其学术价值和借鉴意义，60多年后依然长销不衰，成为文化人类学的典范之作，是了解日本民族绕不过的经典读本。

• 斯蒂芬·茨威格《人类群星闪耀时》

本书是“历史上最好的传记作家”——斯蒂芬·茨威格的传世杰作！《人类群星闪耀时》曾培养了我们这一代人的激情和梦想，但愿这些梦想与激情能薪火相传，穿越信息时代的庞杂，将人类文明延伸至久远。曾经，在这本书中的理想主义、浪漫主义和英雄主义的情绪，浓浓地包裹着我们的青春。这里的历史与英雄，不是学校里的教科书，也不是影视里杜撰的场景，它是人类文明世界里的另一种真实！

• 朱学勤《道德理想国的覆灭——从卢梭到罗伯斯庇尔》

本书是目前中国关于法国大革命研究最经典的博士论文，书中文采与思想齐飞，知识与见识共舞，颠覆了人们关于革命的看法，引起了学界一股“告别革命”的旋风，直到如今仍有广泛影响。

• 赫尔岑《往事与随想》

《往事与随想》是赫尔岑用血和泪写成的回忆录，它不仅忠实而真诚地记载了他的一生，他的描绘还构成了一部“俄罗斯生活的百科全书”。他来到西欧后，又碰到了1848年的革命高潮，目睹了欧洲民族民主运动波澜壮阔的群众场面，也经历了斗争失败后的惨痛景象。他是作为历史见证人写自己的回忆录的，它的一个最显著的特点，便在于他不是从个人的角度而是从社会发展的角度来描绘一切，评价一切。

• 弗里德利希·冯·哈耶克《通往奴役之路》

《通往奴役之路》是诺贝尔经济学奖得主弗里德利希·冯·哈耶克最知名的著作，这本书被翻译成超过20种语言出版，哈耶克称要将这本书献给“所有党派的社会主义者”读一读。《通往奴役之路》一书是对古典自由主义和自由意志主义理论的阐述中最著名，而又最受欢迎的书籍之一。

• 卡尔·波普尔《开放的社会及其敌人》

作者把笔墨集中于对柏拉图、黑格尔和马克思三个思想家的社会政治哲学的批判上，认为正是他们的思想构成现代极权主义的来源。这本书是西方民主思想宝库中的经典著作之一。作者曾经由于这本书和《历史决定论的贫困》获得过英国女皇颁授的爵位。

• 李泽厚《论语今读》

本书或讲本文，或谈哲学，或发议论，无一定之规，明白透彻，文体活泼，该书是阅读《论语》时最好的书童。

• 弗洛姆《爱的艺术》

爱是一种能力，类似于对艺术的感受力，爱情、母子之爱、朋友之爱，都是走向完善性格、丰富灵魂的人生实践。弗洛姆从人道主义和批判的精神分析立场出发，把“爱”看作人类对自我生存的一种思考与回答。爱不是程序，没有使用说明。

[历史类]

• 埃德蒙 · 伯克《埃德蒙 · 伯克读本》

对人性的洞见，对历史的预见，使得伯克在英语世界中经常被视为现代保守主义的奠基者，他的思想对于弗里德利希·冯·哈耶克和卡尔·波普尔等古典自由主义者也有极为深刻的影响。一方面伯克是个倡导自由的先驱，另一方面他又是个替权威发声的辩护者。他的权威是对于专制的反抗，无论那是对抗一个跋扈的君主或是一个腐败的法庭和国会体制，或是任何证明了没有自由存在的政体，对他而言都是一个必须加以对抗的残忍暴政和邪恶集团。

• 李锐《庐山会议实录》

一位亲历者通过整理自己的各种笔记、书信、谈话、日记、会议记录，用平实的文字把历史上举足轻重的庐山会议迷雾一点点拨开，呈现在读者面前，让我们看到了后来许多重大历史事件的源头。

• 唐德刚《袁氏当国》

本书记载了从武昌起义到袁世凯病死的几年中，中国从一个帝制时代到“民治时代”的纷乱无比的景象。在我们所受的历史教育中，这段时间除了孙中山先生的所作所为外，其他的都是最混乱、最黑暗的，而对窃国大盗袁世凯，我们更是恨得咬牙切齿。但《袁氏当国》力图改变袁世凯这个形象，为读者重新烹调了一份具有独特口味的历史文化大餐。

• 袁伟时《帝国落日——晚清大变局》

历史是一面镜子，晚清的衰败与中国文化的负面思想紧密相关。作者用自己的思想反思和探索了晚清的败局，正如作者在书中的扉页上写道：“历史在哪里扭曲，就要在哪里突破。说真话，说自己的话。”

• 茅海建《天朝的崩溃：鸦片战争再研究》

《天朝的崩溃：鸦片战争再研究》是作者系统研究鸦片战争十余年所得的成果。作者详尽考订了与战争相关的一系列重要史实，力图以当时的道德观念、思维方式与行为规范去理解历史，使许多在今人看来是荒谬的现象得以显示其在当时环境中的“合理性”。同时，通过对有关人物及其言行活动分析，观察清王朝在历史转折关头的作为，揭示历史进程中的偶然与必然。

• 托克维尔《论美国民主》

本书的基本思想在于承认贵族制度衰落的必然性和平等与民主势不可当的发展趋势。它既是第一部对美国社会、政治制度和民情进行综合研究的著作，也是第一部记述美国民主制度的专著。作者把民主作为一个对象来观察，没有掺杂自己的观点加以论证，使读者得以看到那个时代美国社会的真实面貌。

• 黄仁宇《万历十五年》

本书是黄仁宇的成名之作，也是他的代表作之一。这本书融会了他数十年的人生经历与治学体会，首次以“大历史观”分析明代社会之症结，观察现代中国之来路，给人启发良多。英文原本推出后，被美国多所大学采用为教科书。

• 郑曦原《帝国的回忆——〈纽约时报〉晚清观察记》

本书系《纽约时报》对华报道选编，起讫年代为1854年1月至1911年10月。这一时代的中国，正经历着“千年未有之变局”，从独立自主的东方老大帝国沦为“东亚病夫”，传统的帝制和士大夫政治走向终结，军事、经济、文化和社会生活发生了蜕变，人民承受着无与伦比的剧痛。《纽约时报》以当时中国人还未具备的近代眼光和技术，即时、全面、连续地观察和记录了这段历史，内容涉及内政、外交、国防、文化、社会、革命及华侨等方面，既是一份十分翔实珍贵的史料，又构成了一部具有独特视角的中国近代史。

• 吴思《潜规则：中国历史中的真实游戏》

在这部以历史为解读对象的著作中，作者以亦雅亦俗、亦庄亦谐的写作方式，叙述了历史上无数值得人们思考的大大小小的案例，在生动、有趣地讲述官场故事的同时，作者透过历史表象，揭示出隐藏在正式规则之下、实际上支配着社会运行的不成文的规矩，并将其名之曰“潜规则”，进而指出潜规则的产生在于现实的利害计算与趋利避害。

书中对于潜规则的定义、特征，潜规则阴影下皇帝、官员、百姓的不同处境与抉择，潜规则盛行的社会土壤，以及潜规则何时会萎缩，均有论述。潜规则现象产生、盛行于我国的封建社会，但它一时还难以消失，只有加强社会主义民主，健全社会主义法制，才能最后根除潜规则。

• 威廉·曼彻斯特《光荣与梦想》

本书是美国的一部断代史，勾画了从1932年罗斯福总统上台前后，到1972年尼克松总统任期内水门事件的四十年间美国政治、经济、文化以及社会生活的全景式画卷。

这是一部场景宏大又描写细腻的历史巨著。本书充分运用新闻报道的特写手法，根据大量的美国报刊资料和采访材料写成，对了解美国当代政治、经济、社会等各方面的内幕情况，提供了比较丰富的资料，有很大的参考价值。

• 马克斯 · 韦伯《新教伦理与资本主义精神》

本书的独到之处在于极为注重对资本主义经济兴起过程中非经济因素的重要意义的深究。通过对大量经验材料的搜集与分析，论述了新教伦理与近代理性资本主义发展之间的生成发育关系，并对东西方宗教文化传统进行了深入的比较研究。不仅是结论，包括本书的方法论，都为当代的社会科学提供了富于启迪意义的思路，并开辟了多线研究途径。

拒绝谎言，自由思考

现在很多学校倡导教师专业化，这其实暗含着一个前提：教师是一种职业，和律师、医生一样，一旦从事这个职业，就得有点专业精神，就像律师和医生那样，在外行面前具有本专业的权威。没有必要把教师这个职业神圣化，非得提高到人类灵魂工程师的高度，当然也不能贬低教师这个职业。这几种职业的差别可能就在于服务的对象不同。

一

我认为，教师这个职业也确实有和律师、医生大相径庭的地方。

律师是和死的法律条文打交道的。医生是和医学、细胞，和人的生理特点，和各种病菌、人的肉体打交道，那些也是客观的。而我们老师和什么打交道？人的心灵。所以，这个差异还是很大的。因此，当老师站在讲台上的时候，你的内心世界就直接呈现在学生面前，你任何一点心灵上的瑕疵，都会被学生感受到，虽然学生可能嘴上不说，但他心里有数。

对一个学生来说，遇到一个好老师，是他终生的幸运，可能会影响一辈子。我想这个说法并没有夸大。因为人是活的，心灵是活的，一个人就是一个世界，世界随他而生，随他而灭。每一个人的墓碑下面都埋藏着一部完整的历史。在老师眼里，一个学生可能只是班上的五十分之一，但是他和其他任何人一样有平等的存在价值，他有自己的精神世界，有他的喜怒哀乐。那么老师在和学生打交道的时候，怎么影响学生和工厂里面生产产品还是有区别的。生产一件次品，造成的影响是一个消费者在生活中的一点不方便。但如果我们课堂上生产出了一个精神上的次品，那么就会对学生产生一辈子的影响。

所以，在把老师从神坛上请下来的时候也必须认识到，老师确实有不同于一般职业的那种特点。我认为，一个好老师，除了应该具备学科专业素养以外，还应该有这样一点追求：拒绝谎言，自由思考。拒绝谎言，就是不把谎言当真理。如果课本里有那种我们应该颠覆的文本，那么我们在教学中就要拒绝谎言，自由思考，用正确的方式去解读文本。

有一个例子，我发现，一些学生在写好入党申请书之后，往往交给语文老师修改。因为语文老师和文字打交道，修改文章是语文老师的强项。那一般语文老师是怎么修改的呢？往往只看其中有没有病句，有没有语言不通的地方，有没有标点符号使用错误的地方。而对申请书内容的真实性、学生信仰的真实性，一般不问。老师只问技术问题，而不问价值问题。我觉得这样是不妥的，学生入党应该是真正具备党性修养，有比较高的思想觉悟，入党应该是因为信仰，而不是功利心，更不能口是心非。

但是目前人们有一种习惯，把准确理解文本最终变成准确理解上级意图并加以贯彻实施。这就是李慎之先生批评的我国教育中最大的弊病：缺乏公民教育。学生没有独立思考，只有理解、贯彻、执行。有信的教育，而没有疑的教育。学生在这样的课堂里成长起来，他就不敢显示理性、运用理性。康德说过，启蒙就是一个人敢于运用自己的理性，显示自己的理性。这个说法看起来很平常，我们在生活中难道不敢运用、显示自己的理性吗？如果真正追问一下，就可以看出，不要说学生，我们成年人很多时候都不敢运用理性、显示理性，而是从众。

比如，抵制日货的事件。成都有一个日本商场叫伊藤洋华堂，每次有抵制日货的风潮都要被游行示威的人给砸一次。很多人觉得抵制日货是爱国行为，必须参加，不参加就是不爱国。为什么要抵制日货呢？因为日本修改教科书，美化侵略历史。有一次，我的一个学生在QQ上问我，说他们寝室里的同学都在积极参加抵制日货的游行示威，他该不该参加。我本来以为，从我的课堂里走出去的学生应该不会有这样的问题，他提出这个问题，说明我的教育还是有很大瑕疵的，这是我应该反省的。

当时我是这样回答的："参加游行是法律赋予公民的权利，拒绝参加游行是法律赋予公民的自由，都无可指责，都是你个人的行为和选择。参加不等于你就比别人在道德上更高尚，没参加也不等于你比别人更不爱国，最终取决于你自己的选择和信念，但是如果你要问我个人的选择，我不会参加。为什么呢？因为日本的确侵略过中国，给中国人民造成了伤害，它长期以来也确实在美化历史，但据我所知，日本现在使用的教科书中，被篡改的是少数，90%以上的日本教科书不是我们所反对的那种教科书。当然，即使是少数，我们也应该警惕。"

那我这个学生为什么会有这种困惑呢？我觉得他就是没有完全启蒙，他不敢显示、运用自己的理性，还有一种从众心理。

二

要自我启蒙，就离不开自由思考、自由表达。什么是"自由"？自由当然不是为所欲为，自由的本意是一个人按照自己的内心和计划来行事。它的内涵，用罗斯福的言论来说，就是有"四大自由"，其中言论自由为首。我们在人身自由被限制的时候，往往反抗很强烈，而在言论自由被限制的时候，却没有这么强烈的反抗。

为什么我们应该把言论自由看得很重要？有一个美国的案例，约翰逊焚毁国旗案。那是在1984年的一个群众集会中，有个叫约翰逊的青年人，为了抗议当时的里根政府而焚毁了国旗，被警察逮捕。根据当地德克萨斯州的法律，他是违法的，约翰逊不服，继续上诉。最后官司打到联邦最高法院。联邦最高法院认为，约翰逊焚毁国旗的行为是一种象征性的言论，因为他并没有引起公共安全事故，没有造成大火，从物理意义上来说没有危及安全，他对人构成的伤害在于他所传达的政治信息。因此，焚烧国旗可以被视为一种言论表达。于是最高法院最后裁决他无罪。裁决的一个理由就是，国旗必须包容亵渎它的人。

当然，也许我们不能套用美国的案例。自由是一个非常宽泛的话题领域。美国的言论自由源于霍布斯开启的个人主义传统，而中国的言论自由，其制度来源很复杂。无数学者呕心沥血地研究自由，而我，会继续享受自由思考的乐趣。

聊天是优雅的学习

我个人是比较喜欢聊天的，聊天可以说是我生活当中一个不可或缺的乐趣。聊天和我们教学有什么关联呢？没有直接的关联，但是有间接的关联。因为我们从与别人聊天的过程中，了解别人思考问题的方式、对待人和事的态度，会发现在某个问题上别人可能是一面镜子，能够照出自己的不足。

我不拘泥于跟同行聊天，我希望跟各种各样的人聊天，聊他熟悉的、擅长的领域。因为我们能够从别人擅长的领域当中，吸取很多对我们自身的专业有用的东西。因为虽然专业有不同，但是各专业的精髓往往是相通的，可以抽象出来加以改造，为我所用。我把数学思维中的分类讨论法引入历史学科，就是我在与数学老师聊天时偶然得到的灵感。我以前认为分类讨论法往往只能运用在数学当中，听他一聊，我就得到启发，其实分类讨论法也可以用于人文学科的学习当中。所以我觉得聊天是一种很好的休息和学习方式。

我觉得聊天很重要，我个人最喜欢的业余生活就是聊天。而且，你一定要去聊对方最擅长的东西，不一定要聊自己最擅长的。我跟物理老师聊天就聊物理，问他宇宙的起点是什么样的，之前又是什么样的。跟数学老师聊天我就聊数学。如果把人类的知识看作一个图谱，各个学科就是这个图谱上一个一个的亮点，但这些亮点不是孤立存在的，彼此之间都有一个通道，你达到一定高度之后，那些相通的东西就是可以抽象出来的。

聊天对于写作也很有用。我自己写作的兴趣能够得到培养，能够被坚持下来，其实就源于在论坛上不断地与朋友交流、聊天。

要想找到人聊天，就要有一个圈子。圈子就是力量，圈子就是真理。为什么这么讲？因为如果你有这样一个志同道合的圈子，你就能够就一个你感兴趣的话题，和不同的人，深入地聊很久。这个圈子里的每一个人，都因为某个相同的兴趣点聚在一起，你与他们当然有共同话题，这样就不会有我曾经的苦闷。曾经有十年的时间，我找不到一个可以聊天，可以讨论萨特、尼采的人。同时，每一个人都是不同的，每一个人都会对这个话题有兴趣，可以聊，但是内容绝不会有特别多的重复。在这个圈子里，你可以就大家都共同感兴趣的话题与不同的人聊，这有助于你获得针对一个问题的广泛性意见。这个时候，有了一定的广泛的聊天基础，你也一定能够发现圈子里哪些人，是适合那种更深度聊天的。一个圈子，绝不会是封闭的，它会带着你的思想螺旋上升。也会有重复，因为毕竟同一个圈子的人是会有思想观念的一致性，但是这种重复的圆圈其实更多的是构成了螺旋上升的思想阶梯，它会让你的思维能力逐渐地提升。你可以在圈子外找寻其他的话题，也可以在圈子内继续思想、灵感的碰撞。这就是圈子对于聊天、对于写作、对于思想成长的重要性。

比如，当你有写作兴趣但是却不牢固的时候，有这样一个圈子，它就会从外围促进你、去巩固你对写作的兴趣。为什么这样讲呢？大家都可能会针对某一个话题写一篇文章来切磋，或者在QQ里面、在邮件里面谈论某一个话题，或者在面对面的时候交流一个话题，这都会刺激你写作的欲望，都有助于巩固你的写作兴趣。我在跟朋友聊天的时候，或者在给学生讲课的时候，常常会觉得状态特别好，这种状态，是自己独自阅读和写作时所不可能产生的。如果在聊天时自己进入了这样的状态，最好能够录音，把这时候的精神状态、生发的无限灵感、思维的吉光片羽、许多美好的语词以及各种各样的碎片，录下来，然后再通过文字整理下来，这可能会成为一篇好语录、好文章，也会很有成就感。孔子不就是喜欢聊天而不喜欢写作吗？苏格拉底也是。其实，聊天是一种优雅的学习。

我在枣林村书院做导师，其实工作的很大一部分内容，就是陪学生聊天，带着学生与社会上、学界里不同的人优雅地聊天。

把思考作为生活的习惯

我觉得教书要想教得好，脑袋就不能闲着。

一

比如，我正在思考明朝的专制主义中央集权，我发呆的时候可以想到什么？内分泌失调。这两者是怎么建立起联系的？我把以前的一个思维过程简单梳理了一下。

一次上完课，我在想，专制主义中央集权在明朝被朱元璋空前强化，他建立了很多特务机构监视他手下的大臣，而且杀害了很多功臣。我马上联想到历史上的其他皇帝，比如，刘邦也杀功臣。那这些人有什么共同点呢？我发现他们都是农民出身，这是偶然的，还是一种规律呢？事实上，农民出身造反成功的领袖往往都会杀功臣、迫害功臣，而贵族出身的改朝换代的领导者，往往对功臣比较宽容。比如，宋太祖赵匡胤，他就是“杯酒释兵权”，给你田，给你吃的、穿的、喝的，让你享受荣华富贵，你把权交出来。这里面有什么联系呢？是不是和他早年的生存背景有关系呢？也许因为早年受到很多压迫，心理有一定扭曲，然后有朝一日大权在握，就像小人得志，把权力攥得特别紧，生怕失去。正因为很看重权力，所以很在乎，就容易产生猜疑。而唐太宗、宋太祖他们本来就是掌权的人，当皇帝之前他们就是贵族，就有权，他习惯了。就像一个富人增加了另外一笔财富，他没有那么在乎，所以他的包容心要强一点。有没有这种可能？这不就体现了社会存在决定社会意识吗？

社会存在决定社会意识，这是马克思主义、唯物主义哲学的基石。我就想，有时候意识可能反作用于物质。比如，人在高考之前很紧张，可能就内分泌失调，生理机制紊乱了，这不就是意识对物质的一个冲击和影响吗？所以，我就把朱元璋加强专制主义中央集权和人的内分泌失调就联系起来。当然，这是很武断的联系。

不过，脑袋里面老在折腾这些事，一直到折腾不动为止，我觉得对我自己的教学有很大帮助。如果你习惯于把问题想得很深，就不会觉得累，你会觉得这是在做智力体操。讲课的时候，你就会非常善于发现学生的逻辑问题和缺陷，他所说的这个论据是否足以支撑他的观点，你就会很敏锐。如果平时不做这样的逻辑体操，就很难发现，或者可能要过一段时间才能发现。老师在课堂上和学生对话的时候，能及时发现那些最有价值的东西，以及学生的观点和言论中致命的缺陷，然后做出及时的反应和引导，这是老师最重要的品质。

二

有的时候我喜欢一个人坐着，或者在操场上走着想事。发呆，因为什么事情想得入神，这可能是我生活当中的一个习惯。比如有一次，我看电视新闻，讲到欧盟征收国际航空碳排放税，对航空碳排放不达标的飞机要增收罚款和重税。而我国民航的飞机普遍会被限制，要么改装，要么被罚款。改装的技术由空客和波音公司提供，费用很贵，但是我们要是不改装就要被罚。

后来这个案例我在讲英国工业革命的时候用上了，工业革命怎么和这个欧盟环境治理的措施有关系呢？

当时我联想到，欧盟这么做，是针对中国和其他技术不发达的国家。这意味着像中国这样的国家在航空方面的成本会大大提高，航空市场的竞争力会遭到某种程度的削弱。那中国要摆脱这种局面，就必须自己有技术来做治理尾气的改装。我就联想到为什么我们还没有这样的技术。我觉得，浅层次原因是因为我们是后发国家，积累还不够；而深层次原因就是知识产权保护做得不够好，没有鼓励人们从事技术创新。

而工业革命之所以能够在英国爆发，不在法国或其他国家爆发，除了市场、政治等原因以外，还有一个至关重要的原因，就是英国建立了世界上最早的现代意义的专利保护制度。专利保护是将利益的燃料添加在天才的火焰上，使天才的火焰燃烧得更加旺盛。因此我就把这两个事情联系了起来。

所以，历史课要尽可能与学习的经验建立起联系，我自己甚至偏激地认为，我们要用当下的情怀来看历史。意大利历史学家克罗齐曾说，一切真历史都是当代史。我想这是相同的意思。正是因为我们有当下的情怀，所以我们看历史的时候才会有别样的眼光，这样才会善于联想。而这种联想和文学的联想不一样，文学的联想是诗意的，是不讲逻辑的。而我所说的联想是一种理性的想象力，这一点很重要。要是习惯这种联想，我们就会产生很多好的想法，就会有原创观点，就会发现别人没有发现的东西。

发现了一件事情，我们要习惯琢磨，前后、上下、左右去联想，去拓展，去联系，直到追问到一个再也不能追问的程度。这个过程就像做智力体操一样，会让你很愉快，学文科和学理科其实也是如此。我们学校那些理科学得特别好的孩子，我发现他们有一个共同的特点，就是喜欢琢磨，只不过他们琢磨的对象不一样。我们文科琢磨的是人和事，他们琢磨的是自然现象、物理现象、化学现象，甚至能够从物理琢磨到数学，于是他们数理方面的能力就会特别强。只有养成这样一个习惯，我们才能在专业领域里面走得更远。

比如最近，我在琢磨道德的起源，这种思考源于什么呢？是看动物世界。

我在《学生为什么需要上学》这篇文章中就曾借助动物世界讨论教育的本质，其实我觉得动物世界和人类的道德起源也有关联。探究道德的起源，一定要从原始人站在树林里面生活的时候出发，那样我们才能知道人类为什么有这样和那样的道德和境界。

比如，为什么我们人类都强调要团结，要合作？通过动物世界我发现，一个物种即使特别强大，但是如果它们不善于合作，那么生存的几率也很低。

猎豹是目前世界上奔跑最快的陆地动物，它这么厉害，但是豹子的数量却远不及狮子。同样都是猛兽，狮子是群居，它们会合作，而豹子是独居，一般不合作，独来独往，那么它们和同类物种相比生存几率就降低了。

狮子和狼相比，我们又发现狮子的数量远远少于狼。狼也是群居，狮子也是群居，但是我们会发现狼有几个特点。首先，狼的合作更加细致和精确，它们在围捕猎物时的分工作战计划智商更高，相比来说，狮子是一种粗放式的合作。其次，狼会储蓄，它们不会像狮子一样把吃剩的食物扔掉，狼会挖一个坑，把食物埋起来，过一两天饿的时候再吃，不让别的动物找到。

我由此联想到，中华民族生存能力为什么这么强，有一个重要的优点是我们善于储蓄。和外国人比，我们更善于储蓄，使我们有准备，在很恶劣的环境下都能够生存。金融危机导致很多人破产，房贷还不起，但是我们华人一般不破产，因为我们华人储蓄率高，不会借很多钱。华人在西方社会里的生活水平普遍比白人高。当然还有别的原因，比如华人更勤快。但是善于储蓄是我们中华民族的一个美德，我们就像狼，西方人就像狮子，他们吃饱了就不管了。

具有这样一些联想和联系，讲课的时候说不定什么时候就用上了曾经发呆时联想过的一些东西，写作的时候说不定就用上了联想时的那些看法和观点。而这些都是原创，就是自己琢磨出来的。

写文章一定要说自己的话。说别人说过的话，自己写出来也没有成就感。什么情况下写出来的文章有成就感呢？就是要有洞见，别人没有发现的我们发现了。要做到见多识广，有洞见，就要多读书，多想，习惯发呆。我觉得发呆有几种方式，最好的一种是走路，就是一个人在操场上转悠。有人就说过，双腿是想象力和思想的发动机，思想是走出来的。

最后，要让思考成为习惯，我觉得就是要喜欢琢磨。我接触过许多各行各业比较有成就的人，我发现他们都有一个共同的特点，就是喜欢琢磨。一般人以完成任务为目的，而这些比较杰出的人，往往不满足于仅仅完成任务，他们会在完成任务之后继续琢磨能不能够做得更好，能不能够用更漂亮、更高效的方式来做。在观察学生的时候，我也发现理科好的那些学生，其实他们所关注的东西远远超出了课堂所学的那一点内容，他们会关注身边的自然现象，比如，会去琢磨电灯不亮了是什么原因呢，会考虑到有几种可能性，如保险丝坏啦、停电啦、灯泡有问题等。而且琢磨身边的自然现象，已经成为他们一种习惯。反过来，人文学科很出色的人，他们琢磨的是人与社会，虽然他们所思考的这些东西可能与专业没有直接的关系，但是已经成了他们的一种兴趣和爱好。也许不经意间琢磨的事情，可能就会在上课的时候，或者讲学的时候用得上。如果我们老师经常处于这样一种琢磨的状态，就能得心应手地驾驭开放式的课堂。

怎么培养写作兴趣

写作是有助于我们的课堂教学的。在生活中，我们常常有一闪而过的灵感，若没有及时地抓住，灵感就消失了；有的时候，有一些朦胧的但却是很新颖的看法，由于我们没有及时地去拓展，让它清晰起来，这个有创建的想法就会随着时间的流逝越来越模糊，最后就不见了。

一

怎么能够让这些思想中的精华留存下来呢？写作就是一个很好的方式。

喜欢写作的朋友肯定都有这样的体验：一个不太清晰的想法，如果我们仅停留在思考的阶段，就很难让它变得更清晰；但是一旦真正动笔去写的时候，就会发现思维扩展的力度一下就增强了，不清晰的地方往往就不知不觉清晰了，而且随着思考的深入，还能触类旁通，产生一些写作之前没有的灵感。最终，在整个写作活动完成之后，我们会发现，这篇文章比之前想的那些内容更丰满了、更完善了。所以，我们通过写作这样一种形式将一些潜在的意识和观念很有力度地挖掘出来，可以梳理经验，提高认识，同时也会让我们在课堂上教学的时候受益。

写作不是一个很容易养成的习惯，我以前也不太爱写东西，只喜欢想，喜欢聊，还常常用孔子说的“述而不作”来安慰自己，认为这是大家的风范。其实，这是一种幼稚的想法，因为我们没有孔子那么睿智，我们只有勤勤恳恳地去挖掘我们那可怜的一亩三分地，才可能稍微种出一点农作物来。不然的话，有可能就会浑浑噩噩、平平庸庸地过完我们这一辈子。

我之所以对写作感兴趣，是因为有了互联网。《南方周末》上曾经有一个“天涯”论坛的专版，叫作“关天茶社板砖”，把网络论坛里面有思想力的文章摘录了出来。通过参与这个论坛中的讨论，我感觉我的思想活过来了。我本来从1990年参加工作开始，在应试教育的潮流当中，随波逐流已经十来年了。从1995年开始，基本上每年都是在教高三，2001年上网之前，我已经教过五六届高三毕业班了，已经麻木了，反正就是围绕着分数在教书。在自己已经麻木不堪的时候，突然出现了互联网，出现了论坛，出现了那样鲜活的文章，一下就激活我了。于是我也想说话，最开始就是在后面跟帖，写一个字“顶”，然后回过头来看，哎，“顶”这个字出现了，很高兴。这是我开始写作的第一步，写一个“顶”字，要不就是两个字,“好文”，做深刻状，还不写“好文章”三个字。

慢慢地，就觉得这一两个字不能够充分表达自己的想法，于是往往写上一句话两句话，或者几句话，表达对某篇文章的看法。偶尔写这几句话放上去之后，居然还会有人在后面回应我。尽管他是反驳我的，但是有回应就给了我极大的鼓励和刺激，让我有继续发言的冲动。所以我特别感谢互联网，就我个人来说，就国家层面来说，这是21世纪上天赠送给中国人民最伟大的礼物。它使我们的思想启蒙过程大大缩短了，西方国家要通过文艺复兴、启蒙运动三四百年才能完成的事，我们这个国家在互联网时代，我估计几十年就能够完成。

那时，我天天看文章跟帖，时间一长，慢慢地就觉得跟帖的那几句话往往不能充分表达自己的意思，于是就不想在别人的文章后面跟帖，自己另外开一个新帖，然后写一个“与某某文章讨论商榷”这样的题目。我记得我第一篇文章是发在天涯社区的“关天茶社”上面的，发了之后我就去上课了，上完课我心里面像揣着小兔子一样紧张，赶紧回到电脑旁，我要看看有没有人在后面跟帖。打开电脑一看有回帖，我马上点开一看，回帖是骂我很傻。当时天涯社区的“关天茶社”论坛就是一个原始的思想丛林，不会因为你是一个什么样的人，大家就应该怎么样尊重你。论坛ID就是你闯荡网络江湖的名片，没有任何的头衔，所有人都是平等的，没有人照顾你的感受。所有人都要靠文章说话，回复一般也都是简洁有力，同意就说好，不同意就骂。鲁迅先生曾经说过，他大声呐喊，并不担心有人反对，有人赞同更好。但是他最担心的是什么？既没有人赞同也没有人反对，这会让人如同置身于毫无边际的荒原，会感到悲哀和寂寞。就是在这样经常遭遇批评的声浪中，我把在网络论坛上写作的习惯给坚持下来了。

一开始写，我根本不写教育方面的事，因为我个人比较关注历史、时事政治以及思想学术。我对教育教学的文章很抵触，不想去写，因为那些东西好像都是技术层面的。比如，如何用好高三复习资料，怎么管理好高考复习最后一个月的学习等。以前我老写这种文章，还在市里面、县里面取得过几个小奖项，然后用来评职称，有的时候还要交50块钱或者20块钱，我不想写这种文章。

我坚持写历史、时政类的文章，在2003年伊拉克战争时期，我写过一篇关于伊拉克战争的文章，被一个教育教学的论坛转载之后，点击量很高，当时好像有两三万次，跟帖也很多。我就特别地高兴，在论坛写作的兴趣就真正地固定了下来。

从什么时候开始写一些关于教育教学的东西呢？其实是我在写上述历史、时政类文章的时候，不经意间评价到了教育教学，被一位编辑欣赏，从此才开始写一些教育类的文章。我记得，2004年我写了一篇评价高考作文的文章。当时高考刚结束，我看到了作文题目就觉得心里面很堵，怎么能出这样的题目呢？然后就写了一篇文章，发在论坛上。结果被《中学语文教学》的编辑看到了，这位编辑就联系我说，如果这篇文章没有发表过的话，他们想刊载这篇文章。很快，这篇文章就发表了。那是我第一次在语文教学类杂志上面发表文章，虽然不是我自己学科的(历史教学)，那我也特高兴。后来有一段时间，每年高考一结束，我就写一篇关于高考作文的文章，曾经还发表在福州的《中学生语文报》上面。

后来原《教师之友》杂志总编李玉龙看了我的文章之后，就给我发短信，约我写教育教学方面的文章。当时我也抱着试一试的态度写了一篇，从那时开始，我就认识了这家杂志，然后一直写，成了这家杂志的长期作者。这样教育教学的文章写得越来越多，慢慢地对教育教学问题思考的兴趣也越来越浓厚。后来这方面的文章就结集为《用思想点燃课堂——历史教师魏勇的教育教学》出版了。

二

我一开始并没有想过写书，当时的写作都是率性而为。我曾经想写小说，但又感觉自己的逻辑不够严谨，于是又去看书。当时有一位老师给我特别推荐了一个网站，叫“素心学苑”，可以说这让我受益终身。“素心学苑”是一个网络图书馆，在这里我第一次实现了一直怀有的梦想，就是能够在类似于大学图书馆的空间里读书。“素心学苑”里面全是学术书籍，在那里我第一次读到了哈耶克、波普尔等现代自由主义者的书籍，如哈耶克的《通往奴役之路》、波普尔的《开放社会及其敌人》以及后来看到的阿伦特的《极权主义的起源》，这些书使我对一直在经验层面思考的那许多问题感到豁然开朗。

比如，极权主义是专制的前提，个人主义是民主的基础。集体主义和团队精神、团队合作是不同的概念。集体合作、共同完成一件事情，在这个过程当中个人需要牺牲、需要付出，我们一般就把这个叫作集体主义。但这是不准确的，团队精神也可以是这样的。

那么，集体主义和团队精神的区别在哪里呢？哈耶克讲得很清楚，集体主义有一个伦理体系，在这个伦理体系当中，个体离开了集体是没有价值的，个体是螺丝钉，是工具，必须镶嵌在集体这台机器上面螺丝钉才能发挥出作用。但是团队精神不是这样的，团队合作是建立在每个个体都有独立的价值和尊严的基础上，离开了团队，个体仍然有独立的价值。他不需要无条件、无代价的付出和牺牲，尊重个体价值才会有民主。

这又要说到我们的传统文化。中国传统文化有两大弊端：第一是不大重视逻辑，第二是不重视个体。梁漱溟曾经讲过这样一句话，“中国文化最大之缺失，就在于个人永不被发现”，不重视个体就不会有民主。

通过互联网看了这些书之后，我的大学情结一下子就消失了。20世纪90年代的时候我曾经想考研究生，希望自己能进入大学当一个老师，这是我的理想。我觉得当一个大学老师是最幸福的，比百万富翁幸福。因为有很多价值观、精神层面相同的朋友可以交流，这是人生最幸福的事情。大学又是一种比较宽松的环境，相对而言每个人的价值都能够得到比较好的保护，而不像中学被应试所异化。当然，大学现在也不完全是净土，也有异化，但是程度还是要轻得多。

当时我想考研究生，但是我所在的中学不放，无论如何也不给开介绍信。而那个时候考研究生必须要单位同意，要开介绍信，结果我连准考证都拿不到，根本就进不了考场。校长常常说的一句话就是，“再教一届毕业班，再教一届毕业班我就放你”。第二年再去找他，他说：“你看还没找到合适的人，你再教一届吧。”推推推，然后我的孩子出生了，事情又多了，慢慢地我自己好像也没有那种冲动了。但是对大学，我一直很向往，我向往大学的图书馆，向往大学里那种“谈笑有鸿儒，往来无白丁”的校园生活。上了互联网之后，我就发现这个向往突然削弱了，为什么呢？

有了网络图书馆，像“素心学苑”里面的这些图书，在我们那个县城的新华书店根本就买不到，只有大学里面才有，而“素心学苑”不正是我的大学图书馆吗？我读大学的时候，对尼采的思想很感兴趣，读了《查拉图斯特拉如是说》，读了两遍也没有完全读懂，我想毕业之后回去买一本，但是我买了好多年都没买到，所以对大学有特别的向往。有了网络图书馆之后，我就觉得大学对我的价值就相对来说削弱了。再加上网络上有论坛，有网友之间的沟通，而且这种沟通是赤裸裸的、很真诚的，没有任何客套话，对就是对，不对就是不对。因此我羡慕大学的两个理由都被削弱了很多。

于是我感觉，我可以踏踏实实地教书了，因为我的生活是在上课的八小时之外，上完课之后，我可以去看想看的书，可以去发表看法，可以去和全国各地的人在论坛上进行交流。那个时候，我写文章、看帖子非常狂热。《用思想点燃课堂——历史教师魏勇的教育教学》这本书里面的文章，大部分都是2001—2006年这五年的下半夜写的。我睡不着，一上论坛，一看文章，然后就有很多的想法。

这对我个人来说，就是一次文艺复兴。我前十年都在乡镇中学里待着，乡镇中学里面的阅览室的藏书顶多就是《读者》，还有一些中学教育教学的杂志和《故事会》一类的东西。我的心灵已经荒芜，从小建立起来的阅读兴趣在那个时候被磨得非常粗糙，我觉得出现了那种内心粗鄙化的倾向。如果没有互联网，我想我可能会经常出去喝喝酒，打打小麻将，下下象棋，然后教教课，发点小牢骚，我能够预测我的状态。但是当我出去开会，我就能够发现，只要出去一次，走得远一次，比如到成都去开会，我就不想回我自己的家乡，不想回我自己的学校。我在乡镇学校的那11年期间，从来没有跟任何一个同事进行过一次深刻的谈话，谈的全都是考试、学生、请客、吃饭、送礼这些话题。我不想谈我对尼采的看法，不想谈对萨特的看法，第一是别人不感兴趣，第二是别人会觉得你很装。

有了互联网，我觉得我获得了精神上的重生，获得了新的生命。由于有了互联网，我个人的视野、精神世界，急剧地延伸和扩大了，还在网上交了很多热爱写作、热爱读书的朋友，形成了一个圈子。于是写作慢慢就成了生活中的一个必要的组成部分了，每周至少要写一点，有的时候是一两天就要写一篇东西。

三

从我个人的经验看，要想培养写作兴趣，第一步就是上网。在网上进行非功利地阅读、非功利地写作。我们不要仅仅抱着功利的心态去阅读，为了备课去找一段资料阅读，这是有必要的，但是不能够把它当作全部。我们要有非功利的阅读和写作，就是对什么感兴趣就去读什么，也许和教育教学没有直接的关系，但是非教育教学领域的阅读和思考所形成的思辨能力、所获得的知识背景会非常强大地投射在教学当中，使教学的境界要不一样。

培养写作兴趣，除了上网，更要读书。当然，上网和读书只是形式不同，共同的地方就是要不断吸收新的知识，新的信息能够不断刺激自己的思想，从而让自己有表达和交流的欲望。

我在写作的时候，如果要查资料、查论据，一般会到中国知网上检索，虽然里面的文章需要付费下载，但为了查询权威的资料，花这点钱是比较划算的。我在备课的时候，如果需要确凿的证据，肯定是要在中国知网里面查一查学术文章，了解别人引用资料的出处，由此会找到很多不同时期的学术文章，视野也更加开阔。

只要经常在这些网站论坛上闲逛、溜达，不时地发言，就容易沾染上写作的嗜好。反过来也是一样的，经常在这里面逛，就会激发发言的欲望，有发言的欲望，才会有写作的冲动。

培养写作的兴趣，我觉得还有一点很重要，就是要有闲暇。有闲暇才有写作的欲望，一个人如果忙于工作，忙于身边的很多事情，是不会有太多写作的冲动的。只有当你闲下来之后，一杯茶在手，然后看两本闲书，安静思考，突然有想法了，想表达什么，这个时候才有写作的欲望。

我知道中学老师很累，工作压力大，老师的收入不仅和高考挂钩，还要和月考挂钩，这就让老师们每一次考试都得全力以赴。尤其是还要当班主任的，常常是早上六点半出去，晚上十点半回家，两头都见不着自己的孩子。老师的精力和能量，就这样都给消耗掉了。而没有足够的能量，是没有办法进行高密度的思考的。

只有闲暇才能出想法。有这样一句话，叫作“闲暇出思想，实践出智慧”，老师们如果整天忙个不停，可能会生成很多教学小技巧、小智慧，但是很难有思想生成，即使有，也来不及把自己的思想写下来。

所以从这个角度来说，如果老师平时的教学工作太多，确实会制约自己的专业成长。我自己的体会是，在学校备课的时候，突然有一个什么想法，然后很想把它写出来，写成一篇文章，但是这个时候，你马上要去备课、上课，该怎么办呢？我只好选择以工作为主，先去备课或者去上课。一开始想，我把这些事忙完了之后，回过头来有时间我再把这个想法整理出来，写出来。

然而事实是，事情忙完了之后，自己也没有写作的欲望和冲动了。那个写作的欲望，就好像是一个生命一样，它对你发出了呼唤、呼喊，如果长期得不到你的回应，它就会慢慢地凋零，它就会死去。你必须及时回应，它才能够有活力，才能够持续地在你的内心里面形成召唤，让你去写一点东西。

所以我感觉，要想方设法给自己一定的闲暇，这样自己的专业素养才有发展的空间，才能够避免教小学时间长了，就只有小学的水平；教初中时间长了，只有初中的水平；教高中时间长了，只有高中的水平。我们还得跳出来，要管理好自己的时间，要管理好自己的精力，我们有精力有时间的时候，宁可闲下来，也别去做消耗精力的事情。

总之，要保持写作的兴趣，无非是能够上网，吸收新的知识信息；能够读书，深入思考晦涩艰深但却能锤炼思维的问题；能够有闲暇，静下来，让自己的思想有时间沉淀。获取新的信息，不能只是普通的陈述类文章，或者是大而空洞的议论，而是要关注学术，从学术圈吸收营养。

对我而言，绝对不能够只把自己当作一个中学历史老师，尤其不要让“中学”两个字把自己限制住。我们要把自己当作一个人文学者，不管是历史的、政治的，还是那些有争议但充满智趣的东西，我们都要去接触。这样，我们的写作兴趣一定会逐渐培养起来。

四

写作的兴趣有了，那么怎么才能够写出好文章呢？

我的感觉体会是，第一，习惯性地发呆。习惯性地观察生活当中的人和事，然后发挥我们的理性的想象力去沙盘推演。对于公共事件，我们要根据自己的阅历和经验去推理它的发生过程，根据我们已经掌握的细节，判断比较合理的过程应该是怎么样的。通过不断验证、不断对照、不断进行推理，我们的专业素养就会有提高。

第二，写作不能偷懒。我的个人感觉就是我个人文章中相对较好的文章是不那么偷懒写出的文章。这个偷懒并不是指我三天打鱼，两天晒网这种偷懒，而是指对于文字的表达，止步于流于俗套、大量地使用成语和习惯性的说法，这就是偷懒。比如，我们一说着急，就说急得像热锅上的蚂蚁一样；一说纯洁，就说纯洁得像冰雪一样。如果我们的文字当中有大量这样的语言，虽然符合语法规范，但是却没有活力，仍不能引起别人的阅读兴趣。写这种语言，我个人觉得就是偷懒。在这个方面我有一个楷模，我在读余华的《在细雨中呼喊》这篇小说的时候，就发现这部作品好就好在余华没有偷懒，它的每一个段落，如果我们用放大镜来看的话，你都会发现他没有偷懒。我还记得有这样一个细节，写主人公在农村干了坏事，被别人追，然后他上气不接下气，气喘吁吁地跑回了城里，这是我们一般人在描写这个状态的时候可能会有的语言。但是余华不是这样写的，他是怎么写得呢？“他们俩满嘴臭气，一身泥土地跑回了城里。”我看到的时候，就觉得太直观了、太准确了，你就能够想象出当时主人公的狼狈状态，它比“上气不接下气”“气喘吁吁”要好很多。如果作家偷懒的话，他就不会这样去写。所以我在想，我们写出来的东西要让别人愿意看、喜欢看，就必须在表达的时候进行推敲。我非常同意“好文章是改出来”的这个说法，很少有天才能够一蹴而就，大多数都是需要改的，就像木心所说的，“文章写出来，第一遍是耻辱，第七遍就是光荣了”。

第三，要写出一点让大家看了之后觉得受益的见解，还要对生活保持一定的距离。对现实不能完全买账，如果我们对现实完全买账了，那你写出来的文章就缺乏冲击力；但是也不能完全不买账，那样你就会成为一个与社会格格不入的人。你只有在有些地方不买账，才能够超越大家的主流的见解，提出一个独到的看法。我觉得掌握好这个分寸，需要我们慢慢地揣摩。

文章要写得好，我觉得第一，做终身的阅读者；第二，做独立的思想者；第三，做公共事务的关注者。这本来也是我们对学生的要求，但是如果我们先用来要求自己的话，也许我们带出来的学生才具备这三个特点，而不仅仅是把文章写好。如果我们通过课堂讲课、通过阅读、通过写作这些方面来全面地发展自己，我想就会比较容易在课堂上受到学生的欢迎，就会比较容易上出让学生喜欢的课。这就是写作对于教学的促进。

图书在版编目（CIP）数据

怎么上课，学生才喜欢 / 魏勇著. —北京：中国人民大学出版社，2016.2
ISBN 978－7－300－22584－5

Ⅰ.①怎… Ⅱ.①魏… Ⅲ.①中小学—课堂教学—教学研究 Ⅳ.①G632.421

中国版本图书馆 CIP 数据核字（2016）第 041953 号

怎么上课，学生才喜欢
魏勇　著
Zenme Shangke, Xuesheng Cai Xihuan

出版发行	中国人民大学出版社		
社　　址	北京中关村大街31号	**邮政编码**	100080
电　　话	010－62511242（总编室）		010－62511770（质管部）
	010－82501766（邮购部）		010－62514148（门市部）
	010－62515195（发行公司）		010－62515275（盗版举报）
网　　址	http://www.crup.com.cn		
经　　销	新华书店		
印　　刷	北京华宇信诺印刷有限公司		
开　　本	720 mm × 1000 mm　1/16	**版　　次**	2016 年 4 月第 1 版
印　　张	12.75　插页1	**印　　次**	2025 年 4 月第 24 次印刷
字　　数	170 000	**定　　价**	38.00 元